국어시간에
생각키우기

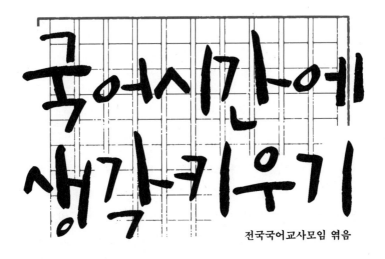

국어시간에
생각키우기

전국국어교사모임 엮음

Humanist

국어 시간에 가장 많이 읽는 책

전국국어교사모임은 신나고 재미있는 국어 수업을 만들기 위해 20년이 넘게 애써 왔습니다. 특히, 중·고등학생들이 읽을 만한 책이 없는 상황에서 학생들이 즐겨 읽을 수 있는 책들을 펴내 청소년 문학에 새바람을 불러일으켰습니다. 학생들의 눈높이를 가장 잘 알고 있는 현장의 국어 선생님들이 엮은 '국어시간에 읽기' 시리즈는 학생들의 관심과 흥미를 살폈을 뿐 아니라, 학생들의 삶이나 현실과 맞닿아 있어 공감을 끌어낼 수 있었습니다.

우리 모임에서 청소년 문학으로 낸 첫 번째 책은 김은형 선생님이 수업에 활용했던 소설을 모아 엮은《국어시간에 소설읽기 1》입니다. 이 책은 나오자마자 청소년 문학 베스트셀러가 되었습니다. 학생들의 눈높이에 맞는 책인지라 수업 시간에 가장 많이 읽는 책이 되었으며, 여러 권위 있는 단체에서 '중학생이 읽기 좋은 책', '중학생에게 읽기를 권장하는 책'으로 뽑았습니다. 우리는 이어서《국어시간에 시읽기》,《국어시간에 생활글읽기》등을 차례로 펴냈고, 그 책들은 모두 현장 국어 교사들이 수업에 적극 활용하는 책이면서 학생들이 즐겨 읽는 책으로 자리 잡았습니다. 이후 아이들에게 더 많은 읽을거리를 제공하고 싶다는 바람으로《국어시간에 세계단편소설읽기》,《국어시간에 세계시읽기》,《국어시간에 세계희곡읽기》같은 세계 문학 선집도 엮게 되었습니다. 이 모든 읽을거리가 청소년들의 삶을 더욱 풍성하게 하고, 청소년들의 생각을 더 크고 넓게 해 줄 거라 믿습니다.

'국어시간에 읽기' 시리즈는 학생들에게 읽기의 즐거움을 맛보게 해 준 책입니다. 또한 청소년 문학 시장에 다양한 분야의 책이 나올 수 있도록 마중물 역할을 하였습니다.

'국어시간에 읽기' 시리즈를 통해 학생들이 세상을 이해하고 세상 속으로 한 걸음 나아가기를 기대합니다. 또한 우리 주변의 진솔한 삶의 이야기, 그 속에 숨어 있는 보석 같은 깨달음이 여러분과 함께하기를 바랍니다.

이 책들이 모든 사람에게 오래도록 사랑받기를 바랍니다.

전국국어교사모임

나와 이웃을 돌아보는 읽기 활동을 꿈꾸며

국어 교사라면 누구나 학생들이 재미있게 읽고 자유롭게 생각하면서 다양한 방향으로 생각을 확장할 수 있는 그런 읽기 활동을 바랍니다. 그런데 학생들의 수준에 맞는 재미있고 마땅한 글을 찾기가 매우 힘듭니다. 그래서 충북국어교사모임에서는 "우리가 한번 글을 찾아보자!" 하며 마음을 모았습니다. 그렇게 해서 2002년에 첫 번째 책《생각을 키우는 이야기》를 냈고, 이어서 두 번째 책《국어시간에 생각키우기》를 내게 됐습니다.

그 사이에 글을 고르고, 검토하는 작업을 몇 번이나 되풀이했는지 모릅니다. 한두 사람이 했다면 절대 할 수 없었을 것입니다. 혼자 하기 힘든 일도 여럿이 하면 훨씬 쉽다는 것을 실감하면서 즐거운 마음으로 했습니다.

주제가 맞춤하게 드러나거나 구성이 세련된 글 중에는 자칫 내용이 지루하거나 건조해서 학생들이 흥미를 갖고 읽기 어려운 글이 있습니다. 그래서 학생들의 눈높이에서 재미있게 읽을 수 있으면서도 우리 사회의 다양한 문제를 자연스럽게 느끼고 생각할 수 있는 글들을 뽑았습니다.

그런 다음, 뽑은 글을 학생들과 함께 읽었습니다. 어떤 글은 학생들이 매우 재미있어 할 거라 생각했는데, 반응이 시큰둥하기도 했고, 어떤 글은 예상 외로 재미있어 하기도 했습니다. 될 수 있으면 학생들이 재미있게 읽은 글을 실으려고 했습니다. 그렇게 뽑은 글에 활동거리를 덧붙였습니다. 활동거리는 바탕글의 내용을 정확하게 이해하는 문제부터 서로 생각을 나눌 수 있는 문제까지 다양하게 마련해서 학생들이 활동거리를 풀면서 점차 생각을 넓혀 갈 수 있도록 했습니다.

흔히 언어 능력을 말하기, 듣기, 읽기, 쓰기의 네 영역으로 나눕니다. 하지만 각 영역의 특성상 이것들을 따로 구분하는 것은 의미가 없습니다. 통합적인 사고 체계를 바탕으로 이 네 영역이 함께 어우러질 때 언어 능력이 향상되기 때문입니다. 따라서 바탕글을 단순히 읽는 것에 그치지 않고, 생각하고, 내 의견을 말하고, 남의 이야기를 듣고, 마지막으로 내 생각을 정리해서 글로 표현할 수 있도록 하였습니다.

요즘 학생들은 생각이 분명하고 매사에 적극적인 것처럼 보입니다. 하지만 학생들과 실제 대화를 해 보면 자기 정체성이 매우 부족하다는 것을 자주 느낍니다. 자신의 문제를 스스로 고민하거나 자신의 행동에 대해 분명한 입장을 갖지 못하는 학생이 많습니다. 부족하나마 이 책이 아이들 스스로 자신에 대해 진지하게 고민해 볼 수 있는, 또 이웃들과 함께 나누며 살아가는 삶을 배울 수 있는 작은 계기가 되기를 바랍니다.

충북국어교사모임

차례

1부

나와
나를 둘러싼
관계들

난 내가 마음에 들어

한비야

이런 말 하면 웃을지 모르지만 난 내가 마음에 든다. 다른 사람
과 비교해서 잘났다거나 뭘 잘해서가 아니라 그냥 나라는 사람
의 소소한 부분이 마음에 든다는 말이다.

우선 나는 내가 한씨라는 게 마음에 든다. 공씨거나 노씨나 변
씨면 어쩔 뻔했나. 공비야, 노비야, 변비야보다 한비야가 백번 낫
지 않은가. 나씨, 단씨, 왕씨였다면 나비야, 단비야, 왕비야가 되
었을텐데, 이 이름도 좋긴 하지만 역시 비야는 한비야가 딱이다.
사실 한씨는 어떤 이름에 붙여도 예쁘고 폼 나는 성이다. 그래서
인지 요즘 뜨는 여자 연예인들 중에 한씨가 수두룩하다. 한예슬,
한고은, 한지민, 한지혜, 한효주…….

내가 58년 개띠라는 것도 마음에 든다. 특징 없는 57년 닭띠나
59년 돼지띠보다는 말도 많고 탈도 많고 동호회도 많은 58년 개
띠라서 좋다. 58년생은 베이비붐 1세대의 개척자라느니 특이한
인생을 사는 사람이 유난히 많다느니 하는 갖가지 사회학적 분
석이 있지만 좌우간 우리 58년생들은 초면이라도 단지 58년 개

따라는 이유만으로 서로 매우 반가워하며 단박에* 가까워진다.

내가 셋째 딸이라는 것도 마음에 든다. 최 진사 댁 셋째 딸을 비롯, 셋째 딸은 선도 안 보고 시집간다는 등 셋째 딸에 대한 근거 없이 좋은 이미지 덕을 보기도 한다. 게다가 언니가 둘이나 있다는 게 얼마나 큰 재산이며 호강*인지……. 세상에 엄마 없는 사람도 안쓰럽지만 언니 없는 사람은 더 불쌍하다. 부모님 돌아가시고 나면 제일 무섭고도 든든한 사람이 누군가? 언니 아닌가? 셋째 딸은 서열상 자동적으로 큰언니와 작은언니가 있게 마련이니 정말이지 삼팔광 땡을 잡은 거다.

내 얼굴도 마음에 든다. 날 좋아하는 독자가 아닌 다음에는 두 번 쳐다볼 일 없는 평범한 얼굴이지만 웃는 모습이 밝고 환해서 좋다. 아침에 일어나 그날 처음 거울에 비친 내 얼굴을 보면 반가워서 배시시 웃음이 나고, 밤새 일을 해서 피곤하고 지친 얼굴을 보면 '아이, 착해. 애썼다!'라는 말이 절로 나온다.

160cm에 50kg 남짓, 크지도 작지도 않은 대한민국 표준 사이즈(?) 몸집도 마음에 든다. 어떤 기성복*을 사도 허리건 길이건 딱딱 맞아 수선 비용이 거의 들지 않고, 아담한 사이즈 덕분에 비행기 탈 때 일반석도 일등석처럼 넉넉하게 앉아 갈 수 있는 장

* 단박에 | 그 자리에서 바로.
* 호강 | 호화롭고 편안한 삶을 누림. 또는 그런 생활.
* 기성복 | 일정한 기준 치수에 맞추어서 대량으로 미리 지어 놓은 옷.

점도 있다.

불광동 독바위역 근처에 사는 것도 좋다. 지하철 6호선 독바위역! 개성 없이 근처 대학교 이름을 붙인 역이나 어려운 한자 이름 역보다 순 한글로 된 역 이름이 마음에 든다. 게다가 순환선의 종착역이라 늘 앉아 갈 수 있고 역을 나오자마자 북한산 자락이 보이는 산 밑 동네라서 좋다.

나는 내가 대한민국 사람이라는 것도 마음에 든다. 오지에 가면 낯선 나라에서 온 사람이라 신기해 하고 개발도상국*에 가면 부러운 나라에서 왔다고 반가워한다. 특히 과거에 도움을 받았다가 이제 도움을 주게 된 나라의 구호 현장 책임자라는 사실에 가슴이 뻐근하다. 그러니 현장에서 내가 한국 사람이라고 말할 때마다 어깨가 으쓱해질밖에.

근데 쓰다 보니 내가 생각해도 좀 웃긴다. 우리나라에는 나 말고도 한씨나 58년 개띠가 수십만 명이고 심지어 대한민국 국민은 5천만이나 되는데, 수십, 수백만도 가지고 있는 그것이 마치 혼자만 있는 양 신나서 이렇게 호들갑을 떨고 있으니 말이다.

사실 내가 살짝 호들갑에 오버하는 기질이 있긴 하다. 마음에 들지 않을 때도 그렇지만 마음에 드는 것은 말로든 표정으로든 좋다는 표현을 해야 직성이 풀린다. 예를 들면 나와 처음 식사를 하는 사람 중에는 "아, 맛있다. 정말 맛있어. 금방 소름 끼쳤어!"하는 나의 과도한 반응에 놀라지 않는 사람이 드물다. 근데 왜 그러냐고? 그렇게 하지 않으면 뭔가 허전하고 밋밋하다. 그리고 맛있는 걸 맛있다고 하는 게 뭐가 어떤가? 그래야 같이 있는 사람들도 얼떨결에 맛있게 먹을 테고 그 음식을 만든 사람도 좋아할 게 아닌가. 음식도 먹는 사람이 맛있다고 말해 주면 좋아라 하면서 최대의 맛을 낸다는 과학적 의견도 있다.

자연을 대할 때도 마찬가지다. 산에 갈 때마다 봄이면 봄, 여름이면 여름, 사계절의 변화가 너무나 마음에 들어 나는 늘 비명에 가까운 찬사를 보낸다. 비 오면 풀 냄새, 흙 냄새가 싱그럽고 구수하다고, 바람 불면 나무들이 모두 이효리처럼 신나게 춤을 추는 것 같다고 약간 과하다시피 칭송하곤 한다.

이런 호들갑과 오버액션은 내 즐거움의 원천이자 정체다. 나는 눈앞에 있는 것을 있는 그대로 느끼고 표현하지 못하면 가슴이 터질 것 같다. 마치 2002년 월드컵 때 집에서 혼자 이탈리아전을 보다가 우리 선수가 결승골을 넣었을 때, 그 기쁨을 함께 나눌 사람이 없어 마음껏 속 시원히 표현하지 못해 심장이 터져버릴 것 같았던 느낌과 비슷하다. 기쁨, 즐거움만이 아니라 슬픔이나 괴로움도 그렇다. 이렇게 감정을 구체적으로 표현하면, 좋은 감정은 더욱 증폭되고 나쁜 감정은 별것 아닌 것처럼 느껴지면서 슬그머니 사라지는 듯하다. 적어도 쌓이지는 않는 것 같다.

• 개발도상국 | 산업의 근대화와 경제 개발이 선진국에 비하여 뒤떨어진 나라. 제2차 세계대전 후에 독립한 아시아·아프리카·중남미의 여러 나라가 이에 속하며, 과거에는 후진국이라 했음.

이런 호들갑스러운 표현의 두드러진 특징은 현재진행형이라는 점이다. 음식이 맛있으면 그 음식을 먹으면서 맛있다고 해야지, 다 먹고 집에 돌아오는 길에 '아, 생각해 보니 그 집 밥 맛있었네.'라고 한다면 얼마나 김이 빠지는가. 에너지의 양 자체도, 표현의 뜨거움도, 효과도 180도 다르다. 한마디로 카르페 디엠*, 그 순간을 느끼고 마음껏 표현하며 즐기는 것이 내게는 매우 중요한 삶의 기술이다.

같은 맥락에서 나는 어제나 내일보다는 오늘이 좋다. 감정의 표현처럼 시간도 지금 내 손에 가지고 있는 것이 훨씬 만만하다. 과거는 이미 수정 불가능하고 미래는 아직 불투명하지만, 현재는 우리가 마음대로 요리할 수 있는 유일한 시간 아닌가. 그러니 그 시간을 되도록 짭짤하고 알차게 살고 싶은 거다. 마음껏 누리며 즐겁게 살고 싶은 거다.

누군들 현재를 그렇게 살고 싶지 않겠는가. 하지만 현재를 즐기면서 살고 싶은 우리의 발목을 잡는 것이 있으니, 미래의 걱정을 땡겨 하는 것, 소위 '걱정 가불'이다. 그것도 인생의 어느 특정한 시기가 아니라 한평생을 통해서 말이다. 중·고등학교 때는 좋은 대학 못 갈까 봐 걱정, 학교를 마치면 취직 못 할까 봐 걱정, 취직을 했다 해도 오래 못 다닐까 봐 걱정, 서른만 넘어가도 결혼 못 할까 봐 걱정, 중년이 지나면 아플까 봐 걱정, 은퇴 후 먹고살 게 없을까 봐 걱정 등.

나 역시 걱정할 일, 남들만큼 있다. 위험한 재난 현장에서 일하다 풍토병*에 걸리거나 사고가 나서 크게 다치면 어쩌나, 안전한 한국에 있다 해도 내 또래가 잘 걸린다는 뇌졸중이나 심장 질환에 걸리면 어쩌나, 어느 날 직장을 다닐 수 없거나 글을 쓸 수 없게 되어 수입이 뚝 떨어지면 뭘 먹고사나, 남편도 자식도 없으니 내 노후는 얼마나 쓸쓸할까, 심지어는 우리가 꼭 따낼 거라고 호언장담*하면서 2주일 내내 팀원들을 들들 볶으며 야심 차게 쓰고 있는 아프리카 대정부 제안서가 채택이 안 되면 그 망신을 어쩌나 등등 걱정할 일이 많고도 많다.

그런데 걱정만으로 이 중에 단 한 가지라도 해결할 수 있는 걸까? 나는 그럴 수 없다는 것을 이미 알아 버렸다. 여러분도 지금 하고 있는 걱정을 한번 곰곰이 생각해 보라. 걱정이 그 일을 막거나 해결할 수 있는지. 십중팔구 아닐 것이다. 최근 본 책에서도 걱정하는 일의 4%만 걱정한 대로 일어나고, 무려 96%는 쓸데없는 걱정이라고 명명백백* 말하고 있다. 그러니 쓸데없이 미래를 걱정하는 시간에 지금 무엇이라도 하면서 재미있게 사는 게 더 현실적이고 현명한 일 아닌가.

흔히 인생을 여행에 비유한다. 전적으로 동의한다. 특히 '걱정

- 카르페 디엠(carpe diem) | 지금 살고 있는 현재 이 순간에 충실하라는 뜻의 라틴어.
- 풍토병 | 어떤 지역의 특수한 기후나 토질로 인하여 발생하는 병. 열대지방의 말라리아·황열병, 일본의 일본뇌염 따위를 이름.
- 호언장담(豪言壯談) | 호기롭고 자신 있게 말함. 또는 그 말.
- 명명백백(明明白白) | 의심할 여지가 없이 아주 뚜렷함.

가불'이라는 측면에서는 말이다. 여행이야말로 어찌 보면 셀 수도 없고 종류도 다양한 '걱정 종합 선물 세트'다. 여행 중 병이 나면 어쩌나, 예약이 잘못되어 차를 못 타거나 길에서 밤을 새워야 하면 어쩌나, 돈이나 여권을 잃어버리면 어쩌나, 흉악한 사람을 만나 험한 꼴을 당하면 어쩌나, 같이 간 일행하고 사이가 나빠지면 어쩌나……. 이런 걱정을 안 하려면 방법은 간단하다. 아예 여행을 떠나지 않으면 된다. 그러나 인생이란 여행은 태어난 이상 앞으로 나아가지 않을 수 없는 법. 그래서 나는 이 인생이란 여행길에 아직 일어나지도 않은 일을 걱정하기보다는 지금 이 순간 만난 사람들, 맞닥뜨리는 사건 사고들, 길옆에 펼쳐진 풍경을 보고 듣고 느끼고 실컷 표현하며 살기로 했다.

위대한 성인은 말했다. 인생은 고해(苦海)라고. 성인의 말이니 나 따위 범인이 왈가왈부할 수 없는 분명한 진리일 테지만 나는 진심으로 그렇게 생각하지 않는다. 어떻게 인생이 괴로움의 바다일 수 있는가. 하느님이 혹은 당신이 믿는 신이 우리를 세상에 보내 놓고 우리가 평생 괴로움에 빠져 허우적대며 고통스러워하는 것을 보고 싶어 하시겠는가? 그걸 보며 즐기시겠는가? 그럴리가 없다. 상식적으로 생각해 보아도 우리를 지으신 분은 우리가 즐겁고 행복하게 살기를 원하실 거다. 때문에 나는 인생은 괴로움의 바다가 아니라 즐거움의 바다여야 한다고 굳게 믿는다. 바다인 이상 365일 내내 잔잔하기를 기대할 수는 없겠지만.

이렇게 말하는 나에게 아직 인생 덜 살았네, 인생의 쓴맛을 덜

보았네, 철이 덜 났네 하는 사람들도 많다. 속으로 미쳤군, 하는 사람도 있을 것이다. 그런데 그런 말을 해도 할 수 없다. 나는 예의와 상식에서 벗어나지 않는 한 이렇게 살기로 마음먹었다. 딱히 싫어할 이유가 없다면 뭐든 좋아하면서 살기로 했다. 그리고 좋아하는 것을 적극적으로 마음에 든다 든다 말하면서 마음껏 내색하면서 살기로 했다. 나는 내게 어떤 선택권도 없이 주어진 성씨, 출생 연도, 집안에서의 출생 서열, 심지어 국적까지도 만족의 차원을 넘어 열광(!)하는 내가 상당히 마음에 든다. 그러나 무엇보다도 인생이 괴롭다고 몸부림치며 살기보다 재미있다고 호들갑 떨며 살기를 선택한 내가, 나는 제일로 마음에 든다.

《그건, 사랑이었네》(푸른숲, 2009)

1 글쓴이는 자신의 어떤 부분이 마음에 든다고 했나요? 그리고 그 이유는 무엇이라고 했는지 적어 보세요.

마음에 드는 부분	이유
58년 개띠	58년 개띠라는 이유만으로 서로 반가워하며 단박에 가까워지니까

2 글쓴이는 '걱정'을 어떻게 생각하며 어떤 태도로 '걱정'을 대하고 있는지 찾아보고, 그와 관련하여 자신의 어떤 점이 가장 마음에 든다고 했는지 말해 보세요.

3 자신의 모습 중에서 마음에 드는 점을 세 가지 이상 찾아보고, 그 이유가 무엇인지 적어 보세요.

난 내가 _____ (이)라서 마음에 들어.

마음에 드는 점	이유
언제나 웃는 얼굴	처음 보는 사람들에게도 좋은 인상을 주기 때문에

4 친구들이 마음에 들어 하는 나의 모습에는 어떤 것들이 있는지 알아보세요.

5 3, 4번 내용을 참고해서 글쓴이처럼 자신을 드러내는 글을 써 보세요.

우린 지금 사랑을
시작하기에 가장 좋은 나이

인터넷뉴스 바이러스

"요한아 이거 먹어."

요한과 학원에 같이 다니고 있는 지은은 요즘 들어 요한에게 매일 우유나 과자 등 간식거리를 배달한다. 요한과 친구들은 '지은이 요한을 좋아하고 있는 것은 아닐까.' 하고 모여서 토론한다.

"지은이 못생겼잖아."

"그 정도면 괜찮지. 귀엽잖아."

"이지은보다는 차라리 조정린이 귀엽겠다."

열일곱 살, 나는 지금 열애 중

친구들이 배 놔라 감 놔라 해도 요한의 마음은 이미 지은이에게 쏠린 듯하다. 자기를 챙겨 주는 마음이 너무 고마워서.

지은과 요한은 학교는 다르지만 매일 몇 백 개씩 주고받는 문자에 매시간 함께하는 것처럼 느낀다. 또 여느 연인들이 그렇듯 주말에는 어디로 놀러 갈까, 기념일은 어떻게 챙길까 고민한다.

사귀기 시작한 지 22일을 기념하는 '투투데이(22DAY)'에는 친구들의 축하와 격려로 즐겁게 보냈다. 또 며칠 전에는 '투투' 때 미처 준비하지 못한 커플 티셔츠를 맞췄다. 요즘은 반지처럼 부담되는 증표보다는 시계, 신발 등 간단하면서도 친구들에게 자랑할 수 있는 물건을 쌍으로 맞추는 것이 대세다. 요한은 곧 다가올 100일을 성대하게 기념하기 위해 벌써부터 아르바이트도 한다.

지은도 역시 100일에 요한에게 선물하기 위해 동아리 회비를 내야 한다, 참고서를 사야 한다는 명목*을 들어 애교 섞인 목소리로 부모님께 용돈을 더 받아 내고 있다.

데이트는 보통 5000원만 내면 세 시간을 자유롭게 책도 볼 수 있고 영화나 간식이 무료로 제공되는 민토(민들레영토)에서 보낸다. 그리고 특별한 날에는 한강 근처 공원이나 놀이공원에 가서 사진도 찍고 무작정 걷는다. 데이트할 때는 따로 약속한 건 아니지만 요한이 밥을 사면 지은은 영화를 보여 주는 식으로 비용은 대략 공평하게 분담한다.

둘은 가끔 다투기도 한다. 요한이 아르바이트를 하느라 지은이 보낸 문자메시지에 미처 답장을 못 보내거나 지은에게 조금 서운하게 하는 일이 있을 때다. 처음에는 요한이 이해해 달라고 용서를 구하지만, 말이 오고 가면서 서로 감정이 틀어지는 것.

초반에는 요한이 많이 져 주고 용서를 구하지만 의견 차이로

* 명목 | 겉으로 내세우는 이름. (주로 '명목으로' 꼴로 쓰여) 구실이나 이유.

언성이 높아지면 결국 둘은 전화기를 꺼 버리거나 미니홈피의 커플 다이어리를 중지한다.

서로의 이성 친구에게 질투도 하고 매일 매시간 하던 연락이 없으면 토라지고, 쉬는 시간에는 꼭 함께 매점을 가야 하는…… 요한과 지은은 지금 한창 열애 중이다.

쉬운 듯하면서도 복잡하고 어려운 연애

텔레비전을 보면 주인공들이 눈을 마주치는 순간 사랑에 빠진다. 하루도 지나지 않아 성관계를 갖고 또 아름다운 이별을 한다. 이렇듯 대중매체가 그리고 있는 연애를 보면 너무 즐겁고 아름답다. 연애를 하면서 싸우고 다투는 모습보다는 환상적이고 달콤한 모습만 부각된다.

그래서 청소년이 처음 연애를 할 때, 부담을 느끼기보다는 일단 저지르고 보자는 식의 생각이 먼저 든다고 답하는 것은 어쩌면 당연한 결과인지도 모른다.

예쁜 용모에 옷만 잘 입는다면 만난 지 몇 시간 되지 않아도 사귈 수 있다. 그러다가 서로의 모습 중 조금만 보기 싫은 것이 있거나 사소한 일에 다투기라도 하면 연락도 없이 관계가 깨지는 것은 놀랄 일도 아니다.

한 청소년 상담사는 "청소년들이 연애에 있어 쉽게 사귀거나 헤어지는 것을 자주 볼 수 있는데, 성인처럼 결혼이든지 장기적인 시각에서 보며 서로가 같이 고민하는 것보다는 '깨졌다', '사귀었다'를 반복하는 것"이라고 말한다.

복잡한 문제는 여기서 끝나지 않는다. 야자 때문에 밤늦게나 만날 수 있다는 지은과 친한 은진은 남자 친구가 가끔 가슴을 만져 고민이라고 지은에게 털어놓았다. 사실 지은도 요한이 키스를 요구해서 고민이었다. 도대체 스킨십은 어디까지 받아 줘야 하는 것인가.

100일 정도에는 키스까지? 아니지 200일에 키스? 참 교과서에 적절한 날짜와 알맞은 속도가 나와 있는 것도 아니고 참으로 알쏭달쏭하고 어려운 문제다.

"학생이 공부해야지, 무슨 연애야."

앞뒤가 꽉 막힌 교장 선생님의 말씀처럼 무조건 연애가 금지되어 있다면 고민도 안 하겠지만, 요즘 한 교실에 연애를 안 하는 학생을 찾기 힘든 이 현실에서 무조건 쉬쉬한다고 해결될 문제는 아니지 않은가.

스스로 알아서들 잘하지만 스스로 못하는 것들

유년 시절 질리게 들었던 말 - "자신의 일은 스스로 하자." 사실 이성 문제라면 어른들이 일러 주지 않아도 고민을 해결해 줄 사람 정도는 있다. 바로 한 교실에 한 명씩 있게 마련인 '연애 전문가'. 이들은 소소한 문제부터 성관계까지 모든 것을 일러 준다.

전교 1등 하는 친구가 수학 문제를 가르쳐 주면서 "이것도 몰라?" 하고 핀잔을 주면 얄밉게 보여 한 대 쥐어박고 싶은 생각이

들게 마련이지만, 살아 있는 연애 교과서로 불리는 친구가 한 수 가르쳐 주면서 "이것도 모르니? 순진하기는……." 하고 면박을 주더라도 그저 너무 고마울 따름이다.

이렇게 짬짬이 전수받은 노하우는 이성 교제를 할 때 유용하게 쓰인다. 이후 경험을 통해 쌓은 성공담과 실패 사례는 친구들끼리 공유하고 다음 만남에 응용하기도 한다.

이렇듯 청소년은 알아서 잘하고 있다. 비록 어른들은 곱게 보지 않을지라도 말이다. 사실 성관계도 이성 교제를 하다 보면 좋아하기 때문에 필연적으로 발생하는 일 아닌가.

"성관계는 좀 그렇지 않아?"

"그럴 수도 있지. 뭐가 문제야? 10대도 섹스할 권리가 있다고 하잖아."

"그러다가 덜컥 애라도 가지면 어떻게 해?"

"낳아서 키울 능력이 안 되니까 수술해야지."

성관계에 대한 청소년들과의 대담. 감정에는 충실하겠지만 이에 따른 책임은 지지 않겠다는 것인가? 다소 실망스럽지만 어쩌면 그들로서는 당연한 대답이라는 생각이다.

청소년끼리 성관계를 가졌다고 해서 법적으로 문제가 되는 것도 아니고, 이후 문제에 대해 서로 책임질 수만 있다면 굳이 나쁘게 생각하지 않는다는 것이 다수의 의견이다.

한 친구는 이렇게 말한다.

"무작정 낳아서 분유 값도 해결 못할 바에는 차라리 지우는 게

낫잖아."

매우 현실적인 대답이지만, 애초 그런 불상사를 일으킬 상황을 만들지 않겠다는 대답은 5명 중 아무도 하지 않았다.

그러면서도 뉴스에서 말하는 낙태와 아이를 낳아 아무 곳에나 버리는 등의 문제는 자기와 별개라고 여긴다. 오히려 이런 대화를 하고 있는 자체가 이해가 안 된다며 '아무 생각 없다'는 태도로 일관할 뿐이다.

연애 아니면 우정? 우린 그냥 만나는 거예요

드디어 지은과 요한이 사귄 지 100일째 되는 날이다.

친구들은 "너희 정말 오래 사귄다." "이제 콩깍지가 벗겨질 때도 되지 않았어?" 하는 말로 놀리고는 있지만 내심 부러워한다. 축하의 의미로 친구들은 각자 100원을 그 둘에게 준다. 친구들이 주는 100원은 '100일 기념 및 축하'의 의미다. 친한 친구들이나 단짝 친구들은 케이크나 커플 핸드폰 줄을 사 주기도 한다. 하지만 많은 친구들의 축하에도 지은의 표정은 어둡다. 어젯밤 엄마가 책상 정리를 하다가 요한에게 쓴 연애편지를 보고 나서 "네가 연애할 때냐? 공부나 해!" 하고 노발대발하셨기 때문이다. 이런 상황을 알 리 없는 요한은 "왜 기분이 안 좋으냐?"며 퉁퉁거린다.

지은과 요한에게 100일은 어떤 의미일까? 친구들은 '오래된 연인'이라고들 하지만 어른들은 한때의 소꿉장난으로 여기고 마는 것이 현실이다. 당사자들은 진지한 '사랑'을 나누고 있다고 믿고 있지만 어른들은 그저 '우정'쯤으로만 생각하고 있는 듯하다.

하지만 지은과 요한, 그들에게 100일은 누군가를 위해 돈을 모아 선물을 준비하고, 싸우기도 하고, 눈물 흘리기도 하고, 또 사람과 사람과의 관계에서 이해가 무엇인지 기다림이 무엇인지를 알게 해 준 소중한 시간이었다.

이 둘은 '사귐'을 통해 성장하게 된 것이다. 누군가는 청소년들의 만남을 한낱 가벼운 감정쯤으로 여긴다. 사실 요즘의 청소년들에게 사귐과 만남은 헤어짐과 또 다른 만남이긴 하지만 중요한 건 그들은 만나고 있고 그 안에서 성장하고 있다는 것이다.

《저요, 할 말 있습니다》(시대의창, 2007)

1 글쓴이는 대중매체가 '연애'를 어떻게 보여 주고 있다고 했는지, 그리고 그런 문제가 청소년들에게 어떤 영향을 미치고 있다고 했는지 정리해 보세요. 더불어 글쓴이의 의견에 대해 어떻게 생각하는지 이야기해 보세요.

   1) 대중매체가 '연애'를 보여 주는 방식 :

   2) 청소년들에게 미치는 영향 :

   3) 글쓴이의 의견에 대한 나의 생각 :

2 바탕글에서 이성 교제에 따른 '스킨십과 성관계 문제'를 바라보는 청소년들의 견해를 찾아보고, 여러분은 이 문제를 어떻게 생각하는지 말해 보세요.

3 자신의 경험이나 친구들의 경우를 생각해 보고, 요즘 청소년들의 이성 교제의 특징을 써 보세요.

1) 22데이, 100일 등은 꼭 챙긴다.
2)
3)
4)
5)

4 여러분이 부모가 되었다고 가정하고, 이성 교제를 하고 있는 아들딸에게 해 줄 수 있는 말을 적어 보세요.

5 〈춘향전〉이나 〈로미오와 줄리엣〉을 보면 소설 속 주인공들은 나이는 어리지만 목숨을 걸 만큼 열렬한 사랑을 합니다. 하지만 요즘 청소년들은 너무 쉽게 이성을 만나고 헤어집니다. 이런 이성 교제에 대해 어떻게 생각하는지 모둠을 나눠 토론해 보세요.

우리 형

조재도

나는 소리가 나도록 방문을 쾅 닫고 나왔다. 얼굴이 구겨진 종이처럼 찌푸려졌다. 일요일을 이렇게 망친다고 생각하니 여간 분통이 터지는 게 아니다.

아까 만섭이 자식이 읍내 가자고 할 때 따라갈걸, 하는 생각이 굴뚝같이 솟는다. 만섭은 우리 동네 사는 나하고 가장 친한 친구다. 우리 동네에 중학교 2학년 아이는 나와 박만섭 둘밖에 없다.

엄마가 점심을 먹자고 했다.

이른 봄이라 날씨가 쌀쌀하지만 그래도 우리는 점심을 마루에서 먹었다.

밥상을 가져다 놓았는데도 형은 헛간 추녀 밑에서 올 생각을 하지 않는다. 아까부터 형은 한 시간도 넘게 그 자리에 서서, 고개를 숙인 채 손톱만 물어뜯는다.

"승운아, 어서 와 밥 먹어."

엄마가 부르고도 한참 지나서야 형이 비척비척 걸어온다. 오른손을 오그려 가슴에 꼭 붙이고 걷는데 몸이 자꾸 한쪽으로 쏠린다.

형은 말을 못하는 벙어리에 한쪽 몸을 쓰지 못한다. 말을 완전히 못하는 건 아니지만, 성한 사람처럼 의사소통을 할 수 없고, 몸이 한쪽만 성하다 보니 일은커녕 걸음도 제대로 걷지 못한다.

게다가 정신도 온전치 못해 여러 일을 저질렀다. 간단한 말귀는 알아들었으나 그것을 행동으로 옮기는 데에는 몸이 몹시 굼떴다. 방에 들어올 때 방문을 열고 들어오긴 했으나 금방 문을 닫지 못하는 그런 식이었다.

그런 형을 사람들은 정신박약에 반신불수라고 했다. 정신박약이라는 말은 대충 짐작할 수 있었지만, 반신불수라는 말은 무슨 뜻인지 어려웠다. 나는 사전을 찾아보았다. 사전에는 "뇌 장애나 어떤 질병으로 인해 전신의 어느 반쪽이 감각기능을 잃어 뜻대로 움직이지 못하는 상태"라고 나와 있었다.

형이 비척비척 걸어와 밥상머리에 앉았다. 상 앞에 앉을 때도 성한 사람처럼 한 번에 싹 앉는 게 아니라, 한동안 주춤거리다 엄마가 손을 잡아 주어야 겨우 앉는다.

엄마가 밥사발과 찌개 그릇을 형 턱 밑에 바짝 밀어 주었다. 밥을 먹을 때마다 입에 넣는 것만큼이나 흘리는 게 많아서다. 형이 숟가락을 들고 밥을 퍼 입에 넣는다. 밥과 찌개 국물이 입가로 흘러 금세 턱 밑이 지저분해졌다.

"에그 자식, 밥 하나두 제대로 못 먹구."

엄마가 숟가락으로 흘린 밥풀을 쓸어 밥그릇에 담았다. 그러자 형이 으아 소리를 지르며 눈을 부라린 채 엄마를 때리려고 했다.

"김치허구나 먹어."

엄마가 찌개 그릇을 상 밑에 내려놓았다. 형이 손가락으로 어어어 하며 찌개 그릇을 가리켰다.

"찌개는 이따 저녁에 먹구 지금은 김치허구 먹어."

엄마가 한숨을 쉬며 말하자 형이 머리를 쌀래쌀래 내젓는다. 어어어 큰 소리를 치며 찌개 그릇을 움켜쥔다.

"병신, 갑치고 있네."

엄마가 울화통이 치밀어 형을 노려보았다. 그럴수록 형은 성질을 부리며 어어어 소리친다.

밥 먹을 때마다 이런 식이다. 그래서 아버지와 함께 밥을 먹을 때면 형은 늘 따로 조그만 상에 밥을 차려 주었다.

형이 밥과 김치를 입이 미어터지게 퍼 넣는다. 씹는 둥 마는 둥 몇 번 우물거리다 이내 꿀꺽 삼킨다. 김치 국물이 흘러 입 언저리가 벌겋다.

꾸역꾸역 밥을 삼키던 형이 급기야 껄떡껄떡 딸꾹질한다. 쉬지 않고 밥을 퍼 넣었으니 목이 막힌 게 분명하다.

"승재야, 너 가서 물 좀 떠 와."

엄마가 밥사발 하나를 비워 주며 말했다. 나는 아무 말 없이 핑 일어나 뒤꼍 수돗가에 가 물을 떠 왔다. 한 모금 마셔 보니 이뿌리가 시릴 정도로 물이 차다.

형이 소처럼 벌컥벌컥 물을 들이켠다.

나는 내 방으로 왔다.

내 방은 안채와 떨어져 있는 사랑채에 있다. 사랑채에 방이 두 개가 있는데 하나는 내가 쓰고, 다른 하나에는 살림에 필요한 일용품들을 넣어 두었다.

책상에 작년 봄에 승모 형이랑 찍은 사진이 놓여 있다. 승모 형이 물에 빠져 죽은 게 작년 여름방학 때의 일이니, 나하고 승모 형하고 찍은 사진 중 가장 최근의 것이다.

집 앞 버스 정거장 느티나무 아래에서 둘이 폼 잡고 찍은 사진이다. 마치 권투 선수처럼 한 손으로는 주먹을 불끈 쥐고 다른 손으로는 서로의 어깨를 감싸 안았다.

형이 사진 속에서 이빨을 가지런히 드러낸 채 웃고 있다. 형의 웃음소리가 들리는 듯하다.

나에겐 형이 둘 있었다. 맨 위의 큰형이 구승운. 큰형은 앞서 말한 대로 장애인이다. 나이가 스무 살인데, 정상적으로 학교에 다녔으면 아마 고3이나 대학생쯤 되었을 거다.

엄마 말에 의하면 큰형은 태어나 한 달도 못 되어 경기°가 있었다고 한다. 그러자 동네 할아버지에게 침을 맞혔고, 그게 잘못되어서인지 커 가면서 장애인이 되었다고 했다.

그리고 둘째 형 구승모. 승모 형은 나보다 세 살 위인 고2였

• 경기(驚氣) | 어린아이에게 나타나는 증상의 하나. 갑자기 의식을 잃고 몸을 떠는 병증.

다. 형은 읍내에 있는 인문계 학교에 3년 장학생으로 입학했다. 중학교는 내가 지금 다니고 있는 남양중학교를 나왔는데, 형은 거기서 줄곧 우등생 자리를 놓치지 않았다.

공부뿐만 아니라 형은 운동에도 만능이었다. 달리기 축구 농구는 말할 것도 없고, 권투를 좋아해 집 뒤 감나무 가지에 샌드백을 매달아 놓고 두드려 대기도 했다.

그러니 자연 형은 우리 집의 희망이자 대들보였다. 마을 사람들은 우리 집을 아예 승모네 집이라고 했고, 이따금 친척들이 오면 나는 거들떠보지도 않고 승모 형한테만, "너 공부 잘한다지?" 하며 용돈을 주고 칭찬도 아끼지 않았다.

그런 형을 누구보다 자랑스러워한 이는 아버지였다. 아버지는 장애인인 큰형에게서 받은 마음의 상처를 작은형을 통해 보상받으려고 했다. 겉으로 표 나게 그런 건 아니지만, 아버지의 승모 형에 대한 기대는 정말 각별했다. 실제로 승모 형은 공부뿐만 아니라 다른 면에서도 아버지의 기대 심리를 충분히 채워 주고도 남았다.

그런 승모 형이 어이없게도, 정말 어이없게도, 작년 여름방학 때 읍내 저수지에 빠져 죽은 것이다. 읍내 외곽에 있는 농수용 저수지는 한가운데가 아니면 어른들 가슴에도 차지 못할 만큼 수심이 얕은 곳이었다.

형 친구들 말에 의하면 형은 깊은 데 들어간 것도 아니라고 했다. 그런데 형의 시신은 저수지 한가운데에서 건져 올려졌다. 사람들은 물가에서 심장마비로 죽은 형이 저수지 경사면을 따라 안으로 굴러 들어갔을 거라고 했다.

그때 나는 죽은 사람 모습을 처음 보았다. 푸르딩딩한 몸에 형의 배는 착 가라앉아 등에 달라붙었고, 갈비뼈들이 빨래판처럼 선명히 드러나 있었다.

물에서 건져 올린 형을 보자마자 엄마는 그 자리에서 혼절했다. 아버지도 다리가 꺾인 듯 털썩 주지앉더니 한동안 일어나지 못했다. 사진을 보고 있으면 그때 그 형의 모습이 생각난다. 형과 함께했던 여러 기억 가운데 유독 형의 죽은 모습이 영화의 한 장면처럼 클로즈업되어 남아 있는 것이다.

나는 형 사진을 버리려고도 하였다. 그런데 아직까지 못 버리고 있다. 내가 사진을 버리면 형이 나한테서 영원히 떠나갈 것만 같아서이다.

형 사진을 보고 있는데 엄마가 들어왔다.

엄마 손에 쟁반이 들려 있다. 가래떡과 꿀을 가져왔다.

"먹어 봐라."

엄마가 접시를 내 앞으로 밀었다.

"웬 떡이에요?"

"지난 설 때 한 겨. 냉동실에 두었다 이렇게 쪄 먹으면 여간 좋은 게 아녀. 일 년 열두 달 가도 까딱없어."

엄마가 가래떡에 꿀을 찍어 나에게 주었다. 입안에 아카시아 꿀 향기가 향긋하게 퍼진다.

"옛날에 말이다."

엄마가 큰형에 대해 한숨을 쉬며 말했다. 엄마의 눈길이 오래된 옛일을 더듬는 듯 아련해졌다.

"승운이 배고 얼마 안 됐을 땐디, 아 하루는 꿈속에서 바람이 불고 비가 쏟아지고 난리두 아녀. 해서 내일 아침 일찍 일어나 호두 줏으러 가야지, 그렇게 생각허다 진짜 호두를 줏으로 갔어. 저기 저 용두리 가는 길에 외할아버지네 밭 있잖니? 지금두 밭가에 호두나무 한 그루가 서 있잖남? 가서 보니께 진짜 바람에 호두가 얼마나 많이 떨어졌는지 여기두 호두 저기두 호두여. 그래 정신없이 줏어서 대야에 담았지. 그리구 집에 와 까 보니께 이게 웬일이라니? 호두 속이 말이다 글쎄 하나두 성한 게 없이 속이 다 비었어. 그래 참 이상도 허다 이상도 혀, 허다 꿈을 깼는디……"

그런 꿈을 꾸고 낳은 게 큰형이라고 했다.

꿈이 그래서 그런지 사람도 저렇게 모자란다고 엄마가 속 깊이 한숨을 쉬었다.

엄마의 눈가 주름살이 깊어 보였다.

나도 모르게 콧잔등이 시큰했다.

《이빨 자국》(실천문학사, 2009)

:: 생각 키우기

1 큰형(승운)을 가졌을 때 어머니는 어떤 꿈을 꿨는지 바탕글에서 찾아 적어 보세요.

2 둘째 형(승모)은 집에서 어떤 존재였으며, 어떻게 되었는지 바탕글에서 찾 아 정리해 보세요.

3 바탕글에 등장하는 인물들은 아래와 같은 상황에서 상대방에게 어떤 말을 하고 싶었을지 인물들의 속마음을 상상해서 적어 보세요.

등장인물	상황	속마음
큰형 (승운)	"병신, 갑치고 있네."라는 말을 듣고 엄마에게	
엄마	큰형 낳기 전에 꾼 꿈 이야기를 하고 나서 나(승재)에게	
나 (승재)	장애인인 큰형에 대한 꿈 이야기를 듣고 나서 엄마에게	

4 큰형은 왜 헛간 추녀 밑에서 한 시간씩 나오지 않았을까요? 여러분이 큰형이 되었다고 생각하고 큰형의 마음을 짐작하여 글로 써 보세요.

5 일본의 아주 이름난 영화배우는 "가족이란 누가 안 보면 그냥 내다 버리고 싶은 존재"라고 했습니다. 그만큼 가족이란 사람이 살아가는 데 든든한 힘이 되어 주기도 하지만, 누군가에게는 큰 아픔이 되기도 합니다. 과연 가족이란 여러분에게 어떤 의미인가요? 아래의 예처럼 재미있게 표현해 보고, 가족 가운데 한 사람에게 마음을 담아 편지를 써 보세요.

가족은 _____이다.

왜냐하면 _____ 때문이다.

예) 가족은 (시원한 나무 그늘)이다.
왜냐하면 (지치고 힘들 때 편안한 휴식처를 제공하기) 때문이다.

빈 나무의 마음

공선옥

우리 집 갓난이가 며칠째 밥을 못 먹고 토하고 설사를 한다. 고열에 기침까지 가세하여 잠도 편하게 자지 못한다. 근 일주일째 병원 걸음을 하다가 차도*가 없어서 한약을 달여 먹이기도 하고 이웃 할머니가 일러 준 대로 담반약*을 써 보기도 하여 병세가 좀 가라앉았다 싶었는데 이번에는 내가 아프다.

그런데 참으로 희한한 것은 어린것이 아플 때는 내 몸이, 내 마음이 찢어질 듯이 아프더니 정작 내 몸이 아프니까 마음은 그렇게 편할 수가 없는 것이다. 그래서 옛날 우리 어머니들이 내가 아프고 말지 자식 아픈 것은 못 견디겠더란 말을 했던 것인지 모른다.

아픈 아이를 안고 며칠을 병원 걸음을 하다 보니 유독 아이들이, 아이 안은 어머니들이 눈에 띄고, 그 모습들이 결코 예사로워 보이지 않는다.

아, 모든 인간은 다 어린것들을 기르며 살고 있구나. 저 어린것들이 있어서, 저 어린것들을 키우는 어미 아비가 있어서, 모든 어린것들을 돌보는 따스한 마음들이 있어서, 그래서 세상은 그 모든 악조건들에도 불구하고 희망을 품어 볼 수 있는 곳이구나 싶어지면서 슬며시 눈물이 났다.

시장에서 좌판을 벌인 생선 장수 아주머니의 등에 이제 갓 돌을 넘겼을 만한 아이가 잠들어 있다. 어떤 이는 아기 업은 생선 장수 아주머니가 바로 그 아기 때문에 힘들 거라고 생각할는지도 모른다. 아이를 낳고 아이 때문에 정말로 힘든 과정을 거치고 난 연후인 지금 나는 바로 그 어미를 힘들게 하는 아이가 있으므로 세상의 모든 어미들이 이 힘든 세상을 견디어 나갈 수 있는 거라고 생각하게 되었다.

그것은 또한 세상의 모든 아비들도 마찬가지다. 어미 아비의 마음이란 무엇인가. 바로 생명을 살리는 마음이다. 세상의 모든 어린것들을 품에 안고 돌보고 기르는 마음이다. 그 마음들이 합쳐져서 끝 간 데 없이 삭막해지는 것만 같은 인간의 세상이 그래도 따뜻할 수 있는 것이다.

앞집 장골댁 할머니는 아픈 우리 아기를 위해서 저녁밥을 잡수시고 와서 우리 아기 빨리 낫게 해 달라고 '잠밥'을 먹여 주셨다.

우리 아기가 나은 게 잠밥 때문은 아니겠지만 나는 할머니가 우리 아기 머리에 쌀을 담은 보자기를 슬며시 갖다 대며 주문을

• 차도 | 병이 조금씩 나아 가는 정도.
• 담반약 | 약재로 쓰이는 황산동. 빛이 푸르며 돌같이 굳음.

외울 때 내일 아침에는 몇 날 며칠 앓았던 우리 아기가 아침 햇살같이 환하게 일어날 것 같은 예감이 들었다. 그리고 다음 날 정말 우리 아기는 아침 햇살이 떠오르는 그 시간에 온 얼굴에 햇살 같은 웃음을 띠며 일어나 주었다.

아랫집 아주머니는 우리 아기 먹이라며 아기들이 배 아플 때에는 매실이 최고라고 지난여름 내 우려 두었던 매실즙을 가져다 주셨다.

바로 이런 분들의 마음이 어린것들, 약한 것들, 아픈 것들을 돌보는 따뜻한 마음들이다. 굳이 내 자식이 아니라도 세상의 모든 '불쌍한 것들'을 향해 열려 있는 세상의 모든 어미 된 이의 마음들이다.

아이가 아픈 동안 보지 못했던 우리 집 마당의 감나무와 자두나무가 어느새 그 이파리들을 다 떨구고 맨가지로 서 있다. 이제 서서히 북쪽에서 불어오는 바람의 한기가 살갗에 느껴진다. 지난봄에 저 갈색의 메마른 가지 위에 그토록 고운 꽃잎들이 매달렸다는 사실을, 그 나무도 그리고 일 년 내 지켜본 나도 어느새 잊어버렸다.

세상 만물의 이치는 다 그런 것인지도 모른다.

자식에게 자신의 모든 것을 다 내주고도 그 보상을 바라지 않는 부모의 마음을 빈 나무에서 본다. 어디 빈 나무뿐이겠는가. 우리 이웃의 장골댁 할머니나 아랫집 후동댁 아주머니도 그러한 것을. 명절이 되어 도시에서 온 자식에게 주는 재미로 농사를 짓는 분들인데. 자식들에게 싸 줄 것을 생각하면 한여름의 폭염도, 휘몰아치는 태풍도 다 견디어 낼 수 있다고 말씀하시는 분들인데. 그 자식들에게 바리바리 다 싸 주고 이녘들은 쭉정이를 잡수시면서도 얼굴에 환한 미소를 띠며 그저 자식들 잘되기만을 바랄 뿐인데.

그 자식들을 늘 기다리고 살면서도 기다리던 자식들이 올 때가 되었는데 오지 않을 때, 그 어머니는 자신이 기다리던 고통은 생각지 않고 그저 소식을 안 주어도 좋으니 저희들 몸 건강하니 잘 살면 된다고, '일없다'고 말하며 돌아서는 그 뒷모습이 영락없는 빈 나무의 그것이다.

아프고 난 우리 아기는 아픈 동안에 살은 내리고 키는 더 홀짝 커진 것 같다. 그러고 보니 크려고 아프다는 말이 빈말이 아닌 성도 싶다.

그래, 그렇게 아프면서 크는 것이란다, 아가야. 산다는 것은 많이 힘든 것이고 힘든 만큼 살아 낼 만한 곳이 또 세상이란다. 산다는 것이 그토록 쉽기만 하다면 무슨 재미가 있겠니. 무슨 보람이 있겠고. 모든 좋은 것은 다 힘든 뒤끝에 오는 거란다. 곤히 잠든 아가 옆에 내 지친 몸을 뉘며 혼잣소리를 하다 잠이 든다.

《자운영 꽃밭에서 나는 울었네》(창비, 2000)

:: 생각 키우기

1 바탕글에 나오는 '잠밥'이 무엇일지 서로 이야기해 보고, 사전에서 뜻을 찾아보세요.

2 글쓴이가 왜 "부모의 마음을 빈 나무에서 본다."라고 했는지 말해 보세요.

3 평소에 엄마(또는 보호자)가 자신과 다른 가족들을 위해 양보하고 희생한 일에는 무엇이 있는지 세 가지만 써 보세요.

   예) 치킨 배달을 시켰을 때, 닭다리는 한 번도 먹지 않았다.

   1)

   2)

   3)

4 부모님(또는 보호자) 중 한 분을 생각해 보고, 닮고 싶은 점과 닮고 싶지 않은 점을 적어 보세요.

닮고 싶은 점	닮고 싶지 않은 점

5 다음은 심순덕의 시 〈엄마는 그래도 되는 줄 알았습니다〉입니다. 시를 읽
   고 시 속에 등장하는 엄마의 삶을 생각해 보세요. 그리고 여러분의 경험을
   바탕으로 모방시를 써 보세요.

엄마는 그래도 되는 줄 알았습니다	우리는 그래도 되는 줄 알았습니다
심순덕	( )
엄마는 그래도 되는 줄 알았습니다. 하루 종일 밭에서 죽어라 힘들게 일해도	우리는 그래도 되는 줄 알았습니다. 매일 차려 주는 밥만 먹고 설거지를 쌓아 놔도
엄마는 그래도 되는 줄 알았습니다. 찬밥 한 덩이로 대충 부뚜막에 앉아 점심을 때워도	우리는 그래도 되는 줄 알았습니다. _____
엄마는 그래도 되는 줄 알았습니다. 한겨울 냇물에서 맨손으로 빨래를 방망이질해도	우리는 그래도 되는 줄 알았습니다. _____
엄마는 그래도 되는 줄 알았습니다. 배부르다, 생각 없다, 식구들 다 먹이 고 굶어도	우리는 그래도 되는 줄 알았습니다. _____

엄마는
그래도 되는 줄 알았습니다.
발뒤꿈치 다 해져 이불이 소리를 내도

엄마는
그래도 되는 줄 알았습니다.
손톱이 깎을 수조차 없이 닳고 문드
러져도

엄마는
그래도 되는 줄 알았습니다.
아버지가 화내도 자식들이 속썩여도
끄떡없는

엄마는
그래도 되는 줄 알았습니다.
외할머니 보고 싶다
외할머니 보고 싶다, 그것이 그냥 넋
두리인 줄만

한밤중 자다 깨어 방구석에서 한없
이 소리 죽여 울던 엄마를 본 후론
아!
엄마는 그러면 안 되는 것이었습니다

우리는
그래도 되는 줄 알았습니다.

우리는
그래도 되는 줄 알았습니다.

우리는
그래도 되는 줄 알았습니다.

우리는
그래도 되는 줄 알았습니다.

한밤중 자다 깨어 방구석에서 한없
이 소리 죽여 울던 엄마를 본 후론
아!
우리는 그러면 안 되는 것이었습니다

2부

함께
살아가야 할
이웃들

까칠한 녀석,
요한이의 춘철살인*

윤정희

요한이는 아토피 외에도 오른쪽 엄지손가락에 장애가 있어 작업 치료*를 받았다. 일주일에 한 번씩 기독교태화복지관에 가서 구부러지지 않는 엄지손가락을 집중적으로 치료받았다. 한 시간 정도 선생님께 관심을 받고 치료를 받다 보니 요한이는 작업 치료 선생님을 꽤 따르고 좋아했다. 그런데 한번은 까칠한 요한이의 성격 때문에 치료 선생님이 당황한 적이 있었다.

"요한이는 가족이 많아서 참 좋겠다."

"가족 없어요."

치료를 하면서 다정스럽게 가족 이야기를 꺼낸 선생님이 무안하든 말든, 요한이는 너무나 냉정하게 쏘아붙였다.

"어, 그래? 가족이 없다고? 엄마도 있고, 아빠도 있고, 누나들도 있고, 동생도 있는데?"

"내 가족 아니에요. 난 아기집에서 왔어요."

우리 집에서는 익숙한 상황이지만 선생님은 얼마나 당황스러우셨을지 상상이 된다. 하민이 입양 후 한동안 진통을 겪고 난

터라 요한이는 담담하게 받아들이자고 생각해서 그런지 화가 나거나 속이 상하지는 않았다. 요한이 스스로 이겨 내겠지, 하는 생각에 애써 가르치거나 설명해 주지도 않았다.

그러나 그해 연말, 요한이 재롱 잔치를 생각하면 지금도 얼굴이 화끈거린다. 하민이와 요한이가 다니던 유치원에서 아이들 재롱 잔치를 열어, 온 가족이 카메라를 들고 유치원에 갔다. 하민이와 요한이네 교실을 오가며 사진도 찍고 재미있게 구경했다.

거의 마무리할 시간쯤이어서, 우리 가족은 양쪽 반으로 나누어 관람을 했는데 요한이 반은 내가 들어갔다. 아이들이 부모님이 있는 쪽으로 손을 뻗어 "사랑해요!"라고 말하며 노래 부르는 시간이었다. 선생님이 무대 위에서 아이들에게 일일이 가르쳐 주고 있었는데 유독 요한이만 등을 돌리고 서 있었다. 당황한 선생님이 요한이에게 상냥하게 웃으며 뒤돌아서 엄마에게 말해 보라고 가르쳐 주셨다. 그 많은 학부모들이 일제히 요한이와 나를 번갈아 보며 요한이의 다음 행동을 기다리고 있었다. 나 또한 요한이에게 눈을 떼지 못하고 손을 흔들어 주려고 기다렸다. 그런데 사건이 터졌다.

"나, 엄마 안 좋아해요."

- 촌철살인 | 한 치의 쇠붙이로도 사람을 죽일 수 있다는 뜻으로, 간단한 말로도 남을 감동하게 하거나 남의 약점을 찌를 수 있음을 이르는 말.
- 작업 치료 | 작업 요법을 지도하는 의료 기사들이 의사의 지도와 감독 아래 신체장애인이나 정신장애인에게 어떤 목적을 가진 일을 시켜 치료하는 일.

등만 보인 게 아니었다. 뒤도 돌아보지 않고 가만히 서 있는 요한이의 한마디에 재롱 잔치 분위기는 그야말로 일순간에 싸해졌다. 모든 부모들이 일시에 나를 쳐다봤다. 요한이를 무진장 구박하는 계모라도 보듯 표정이 싸늘했다. 그 상황을 어떻게 모면하고 나왔는지 생각도 잘 나지 않는다.

집으로 돌아와 남편에게, 당황스럽기 짝이 없던 그 사건을 설명했다. 너무 흥분해 침까지 튀었다. 동네 창피해서 이제 이 동네 못 산다고. 다 아는 얼굴들인데 다들 요한이 구박하는 줄 알거라고. 당장 이사 가야 한다고 소란을 떨었다. 정말 그러고 싶었다. 열이 오를 대로 올라서는 당장 요한이에게 달려가 혼내 주겠다고 소리소리 질렀다.

그런데 가만히 내 말을 듣고 있던 남편이 나를 보며 웃었다.

"요한이가 다섯 살에 우리 집에 와서, 이제 겨우 1년 지났어유. 아픔과 상처가 많은 아이이니 더 힘들고 긴 시간이 필요할 거예유. 당신이 다 각오하고 감당하자고 해서 연장아°를 입양한 거잖아유. 겨우 요한이 말 한마디를 이기지 못하남유. 당신답지 않아유."

남편은 나를 칭찬하는 듯 말하면서, 내가 무엇을 잘못했는지 가르쳐 주고 있었다. 나도 참고 있으니 당신도 참으라고 말하지 않고, 우리도 주님께 요한이 같은 존재라며. 사랑하면서도 사랑하지 않는다고 마음 아프게 말할 때가 많았다고 꽤 진한 설교(!)를 해 주었다. 키만 큰 줄 알았더니, 울 남편은 역시 마음도 빅

52

사이즈였다. 남편은 내 말을 들으면서 자신의 부족한 모습이 보여 더 부끄러웠다고 말해 주어, 내가 덜 민망하도록 배려해 주는 것도 잊지 않았다.

"요한이 아직 어려유. 그리고 난 당신을 믿는구만유. 당신의 그 사랑으로 우리 요한이 틀림없이 우리 가족 구성원으로 건강하게 잘 들어올 거예유. 믿음을 가지고 지켜봅시다. 우리가 언제 사람들 시선을 생각했남유. 소신 있게 살기로 해 놓구선."

남편의 구수하고 자분자분한 말 한마디, 한마디가 나를 다독여 주었다. 내 분노와 원망이 눈 녹듯이 스르르 사라졌다. 많은 자모들과 선생님 앞에서 부끄럽고 창피했던 그 순간보다 남편 앞에서 지금 이 순간이 더 창피하고 부끄러웠다. 상처와 아픔이 있는 아이의 말 한마디보다 그 자리에서 창피를 당했다는 생각에 더욱 화가 나서 요란을 떤 내 모습이 너무 부끄러웠다. 너무나 고마운 남편. 말로는 제대로 표현 못했지만 내가 결혼을 잘했다는 생각이, 이 듬직한 남편 앞에 서면 하루에도 몇 번씩 들었다.

미성숙한 엄마를 용서해 달라고, 인내와 사랑의 마음을 달라고 울면서 기도하는데 요한이가 들어왔다. 요한이를 번쩍 안고 기도하며 아이에게 말해 주었다.

"요한아! 엄마가 우리 아들, 많이 사랑해!"

나의 가장 사랑하는 아들이라고 귀에 속삭이며 기도했다. 아

• 연장아 | 태어난 지 만 12개월이 넘은 아이를 이르는 말.

이에게 잘못한 것만 생각나면서 너무나 미안했다. 요한이는 엄마가 왜 이러나, 하는 표정이었다. 요한이에게 잘못을 구하고 용서해 달라고, 이제 더 잘하겠다고 말하는데 어찌나 눈물이 나던지. 목이 잠기고 말을 못 할 정도로 꺽꺽대면서 울었다.

그러자 요한이도 마음이 아팠는지 같이 우는 것이 아닌가. 한참을 울어 목이 쉬고 눈까지 부었다. 우리는 콧물까지 흘리고 나서야 서로를 보며 웃었다. 마침 학교에서 돌아온 하은이가 우리 둘을 보더니 머리 위로 손가락을 돌려 댔다.

"하선아, 엄마랑 요한이 아무래도 병원에 좀 가 봐야 할 것 같아."

"왜?"

"방 안에서 둘이 울다가 웃다가 그래. 아무래도 정신이 좀 나간 것 같아."

"그래? 나도 봐야지."

하선이가 방문을 확 열었다.

"엄마, 무슨 일 있었어? 요한이랑 또 싸웠어?"

"너는 내가 만날 요한이랑 싸우는 사람으로 보이냐?"

"근데 요한이랑 이게 무슨 난리야? 언니가 엄마랑 요한이랑 정신이 이상한 것 같다고 가서 보래."

"자식들이 엄마한테 하는 말이라고는."

요한이와 나는 서로 마주 보며 누나들 몰래 씨익, 웃었다. 아이들과 함께 보내는 시간은 울다가 웃는 것의 반복이었다. 아픔과 고통의 시간들을 함께하면서 우리는 그렇게 가족이 되어 갔다. 요한이에 대한 나의 각별한 사랑을 하은이가 글로 썼다. 제목은 '내 동생 요한이'다.

내 동생 요한이를 낳아 준 분은 베트남 사람입니다. 그래서 요한이는 얼굴이 조금 외국 아이처럼 생겼습니다. 얼굴이 작고 눈이 크고 예뻐서 사람들이 하선이랑 닮았다고 합니다. 내가 봐도 많이 닮았습니다.

요한이는 하민이랑 사랑이랑은 다르게 밤에 잠을 잘 안 잡니다. 그래서 엄마도 같이 잠을 못 잡니다. 자다가 울기도 하고, 아토피가 심해 박박 긁기도 합니다. 그럴 때면 엄마는 가만히 요한이를 안고 기도해 줍니다. 하민이나 사랑이가 잘못하면 소리도 지르고 등도 무진장 아프게 때리면서 요한이한테는 잘해 줍니다.

엄마가 요한이는 신경이 예민하고 아토피가 심해서 잠도 잘 못 자고 힘들어 하니까 더 잘해 주고 사랑으로 돌봐 줘야 한다고 말했습니다. 우리랑 적응하고 잘 지낼 수 있을 때까지 자꾸 안아 주고 가족이라고 느낄 수 있도록 사랑을 많이 주어야 요한이가 잠도 잘 자고 잘 지내는 거라고도 말했습니다.

정말, 며칠이 지나니까 요한이가 잠도 잘 자고 짜증도 조금만 부리고, 아토피도 많이 좋아진 것 같습니다. 요한이는 엄마만 줄줄 따라다닙니다. 나와 내 동생 하선이가 어렸을 때 아프면 그때도 똑같이 엄마가 우리를 안아 주고 간호해 준 게 생각납니다. 요한이도 이제는 우리 가족이 된 것 같습니다. 웃는 요한이랑 엄마가 무척 닮아 보입니다.

누구보다 속을 태우던 요한이가 요즘엔 이 세상에서 가장 좋은 사람이 엄마라고 말한다. 멋진 미소까지 날리며 그렇게 말할 때면 행복해서 눈물이 날 지경이다. 잠을 잘 때도 혼자 자던 아이가 엄마랑 자겠다고, 사랑이랑 엄마 쟁탈전을 벌이기도 한다. 요한이에게 가족이 몇 명이냐고 물으면 여덟 명이라며 가족 이야기도 제법 하게 되었다.

"엄마 아빠가 저를 가슴으로 낳았대요. 그런데 아기집에서 온 건 변함없는 사실이에요."

확실한 성격, 김요한 한마디에 우리는 또 웃고 산다.

《사랑은 여전히 사랑이어서》(좋은생각, 2010)

1 '요한이의 촌철살인'에 해당하는 말을 찾아보고, 왜 그렇게 이야기했을지 요한이의 속마음을 짐작해 보세요.

2 재롱 잔치 사건을 겪고 난 뒤 엄마의 심정이 어떻게 변해 갔는지 그 과정을 정리해 보세요.

3 만약 부모님이 요한이 같은 처지에 있는 아이를 입양하려 한다면 여러분은 어떤 반응을 보일지, 어떤 느낌이 들지 솔직하게 말해 보세요.

4 요즘에는 혈연관계가 아니더라도 다양한 모습으로 서로 관계를 맺으며 '가족'을 이루는 경우가 많습니다. '가족'이라면 최소한 어떤 조건을 갖추어야 할까요? 가족이 갖추어야 할 조건들을 정리해 보세요.

가족의 조건
1)
2)
3)
4)
5)

5 요한이의 가족에게 상을 주려고 합니다. 상장 제목과 상장에 들어갈 내용을 적어 보고, 상품을 준다면 어떤 상품이 어울릴지도 생각해 보세요.

_____ 상

• 주고 싶은 상품 :

• 그 상품을 주고 싶은 이유 :

1000원짜리 밥집 이야기

송성영

충남 논산의 연산 장터에는 1000원짜리 밥집이 있다. 두 분 다
예순을 넘긴 최금순, 백용기 씨 부부가 운영하는 '대한식당'이
바로 그곳이다. 비록 1000원짜리 밥이지만 나올 건 다 나온다.
국을 포함해 반찬이 열 가지나 나온다. 아무리 생각해 보아도 이
문을 남기기에는 턱도 없어 보이는 1000원짜리 밥. 1000원짜리
밥집에는 1000원짜리 밥만 있는 게 아니다. 아름다운 마음, 고운
얼굴이 있다.

이곳에 가면 '밥' 한 끼에 목을 매야 하는 가난한 서민들의 숟
가락이 놓여 있다. 온종일 오일장에 쪼그리고 앉아 이런저런 물
건들을 팔고 있는 장꾼들의 힘겨움과 정겨움이 있다. 몇 백 원짜
리 잔술을 아껴 마시는 독거노인들의 탄식이 있다. 더러는 멀리
에서부터 단돈 1000원짜리 소문에 들떠 찾아오는 호기심 어린
눈빛들도 있다. 이들 모두를 보듬어 주는 밥집 주인의 푸짐한 손
길이 있다.

10년 전, 이 부부가 20여 년 동안 운영해 오던 자장면집을 그

만두고 시작한 1000원짜리 밥집. 최씨가 자장면집을 접고 2년여를 쉬고 있을 때였다.

"자식새끼들 공부시키고 키울 만큼 다 키웠다고 생각했을 때 자장면집을 그만뒀지유. 그때 갑자기 일손을 놓은 탓인지 우울증이 생긴 거유. 방바닥에 걸레질을 하다가 벽에 등을 기대거나 의자에 등을 기대기라도 하면 한두 시간이고 하염없이 앉아 있었으니께유."

전화벨 소리나 누군가가 자신을 흔들어 놓지 않는 이상 그 자세로 앉아만 있었다. 그러는 날이 점점 많아졌다. 자식들 성화에 못 이겨 병원에 가 보았다. 병원에서는 우울증이라고 했다.

"그때 자장면집을 그만두고 우리 집 양반이 직장에 다녔을 땐데, 우울증이 심해져서 고양이처럼 손발톱을 세우고 퇴근해 돌아오는 남편을 괴롭히기도 했지유. 하루 종일 직장 일로 힘든 남편에게 그랬으니⋯⋯."

그렇게 2년여를 우울증에 시달리며 병원 신세를 지던 어느 겨울날, 최씨는 우연히 연산 장터 한가운데에 피워 놓은 연탄불 주위에 모여든 장꾼들의 싸늘한 도시락을 보았다.

"다 찌그러지고 누렇게 색이 바랜 도시락을 까먹구들 있는디, 그 얼어 터진 도시락에 연탄에다 올려놨던 주전자의 끓는 물을 부어서 먹드라구유. 장터 한구석에 쪼그리고 앉아서 말유. 그걸 보니께 속이 얼마나 아프던지⋯⋯."

그 가슴 아린 장면을 본 순간, 최씨의 머릿속을 스치고 지나가는 것이 있었다. 우울증에 시달리면서 병원에 돈을 갖다 바치는 대신 저들 가난한 사람들에게 아주 싼값으로 밥을 해 주어야겠다는 생각이었다. 적어도 일하는 동안만큼은 우울증이 사라지기 때문이었다.

그렇게 시작한 1000원짜리 밥집에는, 소문에 소문이 꼬리에 꼬리를 물고 많은 사람들이 모여들었다. 살 만한 세상이라 하지만 아직도 밥이 소중한 사람들이 있었다. 밥이 전부인 사람들이 있었다.

1000원짜리 밥이 절실한 사람들이 생각보다 많았다. 사람들이 몰리고 일손이 바빠지자 최씨는 매일 밤이면 녹초가 되다시피 했다. 보다 못한 남편은 다니던 직장을 그만두고 아내의 일을 거들었다.

최씨는 지금도 새벽 네 시에 일어나 수십 명이 먹을 밥을 준비한다고 한다. 이른 새벽부터 밥을 먹으러 오는 사람들이 있기 때문이다. 대전에서 논산으로 출근하는 사람들 중에는 그 중간 지점인 이곳 밥집에 들러 아침밥을 챙겨 먹는 사람들도 있다.

먹을거리가 넘쳐 나는 세상에 1000원짜리 밥은 어떤 의미가 있는 것일까? 좋은 일에는 좋은 일이 따르게 마련이다. 주변 사람들은 1000원짜리 밥을 먹고 최씨 부부에게 사랑을 되돌려 준다. 시장 사람들은 1000원짜리 밥상에 올려질 채소를 헐값에 넘겨주고, 어떤 노인은 물고기를 잡아 오기도 한다. 자식에게 받은 소중한 용돈을 쪼개 그 비싼 맥주를 사 주는 노인들도 있다. 다들 최씨의 건강을 걱정해 준다.

최씨는 대처*에 나가 사는 자식들 집을 찾아도 자고 오는 법이 없다고 한다. 다음 날 새벽밥을 준비해야 하기 때문이다. 그들, 1000원짜리 밥을 기다리는 사람들이 있기 때문이다. 간혹 특별한 일이 있어 밥집을 열 수 없으면 미리 예고를 한다.

"언젠가 대전 딸네 집에 갔는디, 사위가 하두 자구 가라구 하는 바람에 늘어지게 쉬고 왔다가 몸이 아피 죽는 줄 알았슈……."

1000원짜리 밥집을 시작한 지 올해로 8년째, 자식들은 그 힘든 일을 왜 하느냐, 걱정하지만 최씨는 이제 밥집을 그만둘 수 없다. 1000원짜리 밥을 기다리는 사람들을 실망시킬 수 없기 때문이다. 밥집을 하지 않으면 다시 예전처럼 우울증이 도질 것이라는 사실을 잘 알고 있다. 최씨에게 밥집은 그냥 밥집이 아니다. 밥집은 최씨를 우울증에서 벗어나게 했고, 무엇보다 사는 보람을 안겨 주었다. 1000원짜리 밥 사이에는 보이지 않게 오고 가는 온정의 손길이 있다. 먹을거리가 넘쳐 나는 세상에 던져 주는 소중한 메시지가 아닐 수 없다.

《아 유 해피?》 (한길사, 2004)

• 대처 | 사람이 많이 살고 상공업이 발달한 번잡한 지역.

1 1000원짜리 밥집에는 밥 말고 또 무엇 무엇이 있다고 했는지 찾아 써 보세요.

1) 아름다운 마음, 고운 얼굴

2)

3)

4)

5)

2 최씨 아주머니가 1000원짜리 밥집을 운영하게 된 계기를 찾아보고, 그 일이 어떻게 우울증을 극복하는 데 도움이 되었을지 생각해 보세요.

• 1000원짜리 밥집을 운영하게 된 계기 :

• 우울증을 극복하는 데 도움이 된 이유 :

3 우리가 1000원으로 할 수 있는 일을 다섯 가지만 말해 보세요.

4 다음 글을 참고로 하여 1000원을 가지고 다른 사람을 위해 할 수 있는 일을 생각해 보세요.

1000원이면 거리로 내몰린 방글라데시의 아이들 20명이 우유 한 컵씩을 마실 수 있습니다.

우유 2킬로그램=55타카(Taka)=약 1000원(방글라데시 현지 가격, 2004년)

방글라데시의 수도 다카 거리에는 33만 명이나 되는 아이들이 거리 생활을 하고 있습니다. 이 아이들은 생계를 위해 짐을 나르거나 쓰레기를 줍기도 합니다. 하지만 결국에는 어쩔 수 없이 매춘의 길로 들어서고 있습니다. 이 아이들은 착취와 폭력, 비위생적인 환경으로 인한 질병 등 많은 위험에 노출되어 있습니다. 이런 거리의 아이들을 건강하게 보호하고 자립을 지원하기 위한 시설이 '드롭 인 센터(Drop In Center)'입니다. 다카 구에 인접한 자트라밸리 지구에 있는 국제 협력 NGO '샤프러닐(Shaplaneer)'이 현지 NGO와 함께 운영하고 있는 이 센터는 24시간 개방되어 있어 거리의 아이라면 누구나 이용할 수 있습니다. 휴식 장소 제공과 식사 배급, 가벼운 상처 치료와 상담 등의 활동을 하고 있습니다. 이 센터에서는 하루에 한 번 우유가 배급되는데, 이 한 컵의 우유는 거리의 아이들에게 중요한 영양 공급원인 동시에 아이들이 모여들게 하는 즐거움 가운데 하나입니다.

《세상을 바꾸는 돈의 사용법》 (미래의창, 2005)

예) 배고픈 친구에게 빵을 사 줄 수 있다.

1)

2)

3)

5 1000원짜리 밥집 사장님처럼 주위에서 어려운 사람들을 돕고 있는 사람을 찾아 소개해 보세요.

6 다음 시 속의 '나이 든 남자'처럼 혼자 밥을 먹어야 하는 사람은 어떤 사람들인지 생각해 보고, 시 속의 '혼자 밥 먹는 나이 든 남자'가 1000원짜리 밥집에 와서 밥을 먹는다고 상상하여 그 남자의 입장에서 밥집 아주머니에게 하고 싶은 말을 적어 보세요.

거룩한 식사

나이 든 남자가 혼자 밥 먹을 때
울컥, 하고 올라오는 것이 있다
큰 덩치로 분식집 메뉴표를 가리고서
등 돌리고 라면발을 건져 올리고 있는 그에게,
양푼의 식은 밥을 놓고 동생과 눈 흘기며 숟갈 싸움 하던
그 어린것이 올라와, 갑자기 목메게 한 것이다

몸에 한세상 떠넣어 주는
먹는 일의 거룩함이여
이 세상 모든 찬밥에 붙은 더운 목숨이여
이 세상에서 혼자 밥 먹는 자들
풀어진 뒷머리를 보라
파고다 공원 뒤편 순댓집에서
국밥을 숟가락 가득 떠넣으시는 노인의, 쩍 벌린 입이
나는 어찌 이리 눈물겨운가

황지우

고물 줍는 노인

박영희

아침 일곱 시, 고물상 문이 열리자 인근에 사는 할머니 할아버지들이 손수레를 앞세워 모여들기 시작한다. 작업복으로 갈아입은 고물상 주인의 손놀림이 바빠진다.

"56kg이니까 짐빠리* 피 떨면 할머니는 2500원. 자, 돈 받고……. 다음 짐빠리 올려 보소."

액수가 많든 적든 고물상은 현금 거래다. 저울에 올려 무게가 정해지면 고물상 주인은 미리 준비한 1000원 권 돈다발을 꺼내 즉석에서 계산해 준다. 그런데 왜일까. 할머니 할아버지들의 표정이 밝아 보이지 않는다. 리어카에 실린 폐지를 고물상 입구 철판 저울에 단 할아버지 한 분은 퇴계 이황 선생의 자화상이 박힌 지폐 두 장을 손에 쥐고 구시렁거린다.

"저놈의 저울을 믿을 수가 있어야지. 어제도 50kg이더니 오늘도 50kg이야."

과연 그럴까? 여남은 할머니 할아버지들이 현금 몇 푼을 손에 쥐고 돌아갈 무렵, 고물상 주인에게 귀띔하듯 물어보았다. 스무

66

해 넘게 고물상을 한다는 주인은 몇 해째 내리 절망의 곡선을 그리고 있는 대구 경제에 대해 거품을 물더니 한참만에야 고물 시세*로 돌아갔다.

"kg당 50원 하는 폐지는 절대 수지*가 안 맞습니다. 그런데도 노인들은 고물값이 좋았던 옛날만 자꾸 생각합니다. 어제는 어제고 오늘은 오늘인데 말입니다. 그러고 보면 고물상도 좋은 시절은 다 간 것 같습니다."

그런 시절이 있긴 있었다. 고물상에 주민등록증을 맡기면 리어카 한 대와 세탁비누 한 상자를 실어 주었던. 리어카를 끌고 나가면 적어도 세 끼 밥벌이는 했던. 그리고 그때는 종이 한 장이 귀하던 시절이라서 날 지난 신문을 차곡차곡 모아 정육점에 가져가면 고기 근도 떠 올 수 있었다. 그런데 어느 날부턴가 고물이나 빈 병, 헌 옷을 산다며 외치던 골목의 흥겨운 소리가 자취를 감추고 말았다. 고물상 주인은 그 무렵을 한국에 미국 돈이 바닥나고 만, IMF 경제 위기 때로 진단했다.

"그 귀하던 종이가 지금 쓰레기로 변해 버렸습니다. IMF 전에 700원(kg당) 하던 헌 옷 값도 1500원으로 떨어졌습니다. 4~5년 전부터 고철값이 살아나기 시작했는데 절도죄로 감옥 간 사람들

• 짐빠리 | '짐바리'의 잘못된 말. 짐바리는 말이나 소로 실어 나르는 짐.
• 시세 | 일정한 시기의 물건 값.
• 수지 | 거래 관계에서 얻는 이익.

많습니다. 그만큼 우리 사회가 벌어먹고 살기 힘들다는 증거 아니겠습니까? 나는 그렇게 봅니다. 절도범이 많은 나라는 먹고살기가 힘든 나라입니다."

고물상 주인의 말대로 여전히 호시절*을 누리고 있는 품종은 kg당 5000원 하는 구리와 알루미늄 새시(3000원), 스테인리스, 신주, 양은 순이었다. 고철은 이렇듯 전쟁 시기가 아닌데도 예전 가격대보다 더 좋은 편에 속했다.

15년 전에는 흙과 돌만 제외하고 다 팔았다는 고물상 주인의 말을 끝으로 고물상을 빠져나온 것은 10시경. 고물상이 문을 연 두 시간 동안 손수레를 앞세워 찾아온 노인들은 정확히 27명이었다. 그중 할아버지는 6명, 나머지는 할머니들이었다. 고물상 주인에게 받아 가는 액수도 들쭉날쭉했다. 3000~5000원을 손에 쥔 사람들이 보편적인 반면 가장 적은 액수는 1200원, 가장 많은 액수를 손에 쥔 사람은 1만 2700원이었다. 폐지를 주워 1만 원대를 넘어섰다면 IMF 이후 고물상을 드나드는 사람치고는 고액이라 할 수 있다. 그 할아버지를 따라나섰다.

"할아버지는 그래도 많이 버셨네요?"

"많이 벌긴. 사흘을 모은 거야. 그러니 하루에 얼마씩이야? 4000원이 조금 넘는가. 그러면 나한테는 적자야."

"고물 줍는 일도 흑자와 적자가 있나요?"

"있고말고. 하루 5000원은 벌어야 우리 집 네 식구 굶어 죽지 않거든."

올해 칠순인 정씨 할아버지와 마주 앉은 것은 정오가 가까워
서였다. 졸졸 따라붙는 필자가 귀찮았던지 할아버지는 초등학교
앞 가로수 그늘에 빈 리어카를 세웠다.

"고물상을 나와 빈 리어카를 보면 어떤 생각이 드는 줄 알아?
이걸 또 언제 채우나, 이 생각밖에 안 들어. 칠순 다 먹도록 산
것이 잘못이고 자식이 웬수지……."

정씨 할아버지가 고물을 줍기 시작한 것은 여섯 해 전이었다.
아파트 경비로 10여 년을 일해 온 할아버지는 하루아침에 집을
잃어버렸다. 큰아들 때문이었다. 외환 위기와 함께 섬유 업계가
도산 위기에 처하자 큰아들은 중국으로 눈을 돌렸고, 세 해가 다
지나도록 늘어나는 건 빚뿐이었다. 초등학교에 다니는 남매를
시댁에 맡겨 두고 며느리가 종적*을 감춘 것도 그 무렵이었다.

"어린것들이 무슨 죄가 있나. 크는 아이들 공부는 시켜야겠기
에 동사무소에 찾아갔더니 나는 안 된다(기초생활수급자)고 해. 아
들이 갖고 있는 고급 승용차가 문제가 된 것 같아. 그런데 그 아
들의 소식을 알 수 없으니……."

벌써 두 해가 지나도록 소식이 끊긴 아들을 생각하면 속이 상
하지만 할아버지는 고물을 주워 살아가는 주위 동년배들에 비하
면 자신은 사정이 나은 편이라고 했다.

* 호시절 | 좋은 때.
* 종적 | 없어지거나 떠난 뒤에 남는 자취나 형상.

"10년 넘게 아파트 경비를 한 덕이지 뭐. 아파트에서 나오는 고물은 내 차지라고 볼 수 있는데 고마울 따름이야. 컴퓨터를 주웠을 때가 제일 기분이 좋아. 오래된 컴퓨터라도 수출하기 때문에 값이 제법 나가거든."

정씨 할아버지가 고물을 줍느라 보내는 시간은 하루 10시간. 이동 거리는 20km 내외. 일과를 아침에 시작하는 직장인들과 달리 할아버지는 오후 네 시부터 고물을 줍는다. 별다른 이유는 없다. 그 무렵에 나가야 퇴근을 앞둔 사무실에서 신문을 내놓고 가게와 약국에서는 종이 상자를 내놓기 때문이다.

"사무실하고 가게들을 거쳐 아파트 서너 곳을 돌면 시간이 딱 맞아. 아파트는 아침하고 밤에 고물을 내놓거든."

물론 서너 곳의 아파트를 다 돌았다고 해서 일과가 끝나는 것은 아니다. 재수 좋은 날은 서너 시간 만에 리어카가 채워지지만 운수 사나운 날은 밤 열 시가 지나도록 거리를 헤매고 다녀야 한다.

"밤에 부지런히 주운 사람들은 고물상에도 아침 일찍 와. 하루 두 탕을 뛰는 셈이지. 그러면 벌이가 조금 나아. 오전하고 저녁 때 해서 두 탕 뛰면 최하 6000원은 되거든."

열 시간 노동에 6000원. 결코 많은 액수는 아니다. 요즘 흔히 하는 말로 아이들 껌값에도 못 미치는 액수다. 또 벌이는 벌이지만 심리적인 압박도 만만치 않다. 늦은 밤, 힘에 부치는 손수레를 끌고 다닐 때면 도로를 질주하는 차량들이 무섭기도 하다. 지난해 9월에는 트럭에 치여 두 달 넘게 병원 신세를 진 동료도 있다.

차량들이 꼬리를 무는 가로수 그늘 아래에서 할아버지와 자장면을 배달시켜 먹은 뒤 찾아간 곳은 심심풀이 땅콩으로 재개발이야기가 입에 오르내리는 달서구 내당동이었다. 분양을 마친고층 아파트로 인해 한나절짜리 햇살마저 반나절로 빼앗긴 따개비 주택* 골목은 30°C를 웃도는 더위에도 불구하고 을씨년스러웠다.* 어느 골목 할 것 없이 잔뜩 움츠린 얼굴을 하고 있었다.

《아파서 우는 게 아닙니다》(삶이보이는창, 2007)

• 따개비 주택 | 따개비처럼 따닥따닥 붙어 선 작은 주택들.
• 을씨년스럽다 | 보기에 날씨나 분위기 따위가 몹시 스산하고 쓸쓸한 데가 있다.

:: 생각 키우기

1 바탕글을 읽고 글쓴이가 고물상을 나와 이야기를 나눈 정씨 할아버지에 대
 해 정리해 보세요.

 • 할아버지께서 폐지 줍는 일을 시작한 이유 :

 • 할아버지의 하루 일과와 수입 :

2 초등학교 다니는 남매를 키우고 있는 정씨 할아버지의 한 달 예상 지출 내
 역을 짐작해서 구체적으로 정리해 보고, 정씨 할아버지의 한 달 수입과 견
 주어 얼마나 차이가 나는지 살펴보세요.

 • 정씨 할아버지의 하루 수입 : 5000원

 • 정씨 할아버지의 한 달 예상 수입 : 15만원

 • 정씨 할아버지네 한 달 예상 지출 내역

지출 내역	
병원비(1회) – 1500원	

3 '고물 줍는 노인들'이 생겨나게 된 이유가 무엇일지 생각해 보고, 친구들과
의견을 나눠 보세요.

4 다음 자료가 보여 주듯이 점점 독거노인(혼자 사는 노인)이 늘고 있습니다.
독거노인들을 위해 우리가 할 수 있는 일과 정부가 할 수 있는 일에는 무엇
이 있는지 생각해 보세요.

> 독거노인 100만 가구 돌파 - 올 104만 3989가구 추정
>
> 혼자 사는 노인이 처음으로 100만 가구를 넘어선 것으로 나타났다.
> 22일 통계청에 따르면 혼자 살아가는 노인을 뜻하는 '독거노인'이 올해
> 104만 3989가구로 추정됐다. 이는 지난해의 98만 7086가구보다 5만 6903가
> 구나 많다.
> 독거노인은 2006년 83만 3072가구에서 2007년 88만 1793가구, 2008년
> 93만 3070가구 등으로 매년 증가하고 있다. 연령대별로는 70대가 가장 많
> 았다. 65~69세 27만 9845가구, 70~74세 34만 1579가구, 75~79세 24만
> 5771가구, 80~84세 11만 9845가구, 85세 이상 5만 8500가구였다. 특히
> 70~74세 독거노인은 작년보다 1만 9077가구나 늘었고, 75~79세도 1만
> 9209가구나 증가했다.
>
> 《세계일보》 2010년 7월 23일

· 우리가 할 수 있는 일 :

· 정부가 할 수 있는 일 :

5 일을 하고 싶어 하는 노인들을 위해 일자리를 만든다고 생각하고, 나이 드신 분들이 잘할 수 있는 일을 찾아보세요. 그리고 왜 그렇게 생각하는지 이유도 적어 보세요.

잘할 수 있는 일	이유
초등학교 예절 지도사	전통문화에 대해 젊은 사람들보다는 노인들이 더 많이 알고 있음.

고통 받는 이웃,
이주 노동자

전국사회교사모임

2007년 3월 17일 서울의 한 주상 복합 아파트 신축 공사 현장에서 화재가 났습니다. 1명이 죽고 60여 명이 다친 아주 큰 화재였습니다. 불이 나자 유독가스와 불길을 피해 옥상으로 대피해 있던 4명의 몽골인 이주 노동자들은 미처 대피하지 못한 한국인 노동자들을 11명이나 구했습니다. 구조 헬기와 사다리가 도착했을 때는 실신한 한국인 노동자들을 안전하게 먼저 구조가 될 수 있게 도움을 주었습니다. 이들의 이름은 바타, 바트델거, 곰보수레, 삼부입니다.

이들 4명의 몽골인 노동자들도 유독가스를 마셔 병원에 입원해 치료를 받았는데 이상한 일이 벌어졌습니다. 다음 날 새벽에 이들 모두 병원에서 도망을 간 것입니다. 이들은 모두 불법체류 이주 노동자였던 겁니다. 범죄자도 아닌데 단지 불법체류자라는 것이 밝혀지면 붙잡혀 강제 출국을 당해야 했기 때문입니다.

외국인 노동자인가 이주 노동자인가

'3D 업종', '임금 체불*', '인권침해', '때리지 마세요', '불법체류'라는 단어를 들으면 여러분들은 무엇이 떠오르나요? 아마 우리 모두가 이주 노동자를 떠올릴 것입니다. 아주 쉽게 이주 노동자들이 떠오른다는 것은 이들이 우리 사회에 일정한 부분을 차지하고 있다는 것이고, 다른 한편으로는 이주 노동자들이 아주 열악한 조건 속에 일하며 생활하고 있다는 것을 의미하고 있는 것입니다.

2008년 현재 우리나라에 들어와 있는 외국인이 100만 명이 넘고 그 가운데 이주 노동자들은 80만 명이 넘는다고 합니다. 이주 노동자들이 우리 사회에 많이 들어오게 된 것은 1990년대 초부터 아시아 지역의 노동자들을 받아들이게 되면서 시작이 되었습니다. 아시아 지역의 노동자들이 우리나라에 처음 들어오기 시작했을 때 우리는 이들을 '외국인 노동자'라고 불렀어요. 그 이전에도 이른바 '잘사는 나라'에서 온 외국인들이 학원이나 회사에서 일하고 있었습니다. 하지만 그들을 '외국인 노동자'라고 부르지는 않았습니다. 그 사람들도 외국인으로서 우리나라에 와서 일하고 있기 때문에 분명히 외국인 노동자들인데도 말입니다.

여러분도 분명 외국인 노동자라고 하면 우리나라보다 못사는 나라에서 돈을 벌기 위해 들어와 적은 돈을 받고 힘들고 어려운 일을 하는 사람들을 떠올릴 것입니다. 외국인 노동자라는 말은 노동자보다는 '국적'을 강조하는 말입니다. 외국인 노동자라는 말에서 '외국인'이라는 단어에는 우리나라보다 못사는 나라 사람이라는 차별하고 무시하는 부정적인 의미가 있어 왔습니다. 지금은 차별적인 의미의 외국인 노동자가 아니라 새로이 '이주 노동자'라고 부릅니다. 이주 노동자라는 말에는 '권리를 가진 노동자'라는 의미가 강조되고 있습니다. '일을 하기 위해 다른 나라로 옮겨 온 노동자'라는 말입니다. 그래서 우리나라보다 잘사는 나라에서 왔든지 아니면 못사는 나라에서 왔든지 구분하지 않고 우리나라에 돈을 벌기 위해 들어온 노동자를 이주 노동자 혹은 외국인 이주 노동자라고 부릅니다.

한국에 온 아시아 이주 노동자

우리나라에 아시아 지역의 이주 노동자들이 들어오게 된 계기는 1986년 서울 아시안게임과 1988년 서울 올림픽으로 우리나라가 세계에 널리 알려지면서부터입니다. 이때부터 빠른 경제성장으로 눈부시게 발전해 잘사는 나라라는 인식이 퍼지면서 우리나라보다 경제적으로 어려운 아시아 지역의 나라 사람들이 많은 돈을 벌 수 있다는 꿈, '코리언드림'을 가지고 우리나라로 들어오게 됩니다.

우리나라보다 경제적으로 어려운 아시아 나라에서도 많은 인구와 가난과 실업 등이 사회문제가 되어 어떻게든 이를 해결해

• 체불 | 마땅히 지급하여야 할 것을 지급하지 못하고 미룸.

야 할 처지였습니다. 그렇지만 이런 문제를 국내적으로 해결할 능력이 별로 없었습니다. 결국 이들 나라는 자신들 나라의 노동자를 다른 나라로 파견하여 돈을 벌어 오게 하는 방법을 택하였고, 그리고 이들 나라의 노동자들도 한국에서 고생은 하더라도 짧은 시간에 많은 돈을 벌 수 있을 것이라는 생각이 서로 맞아떨어지게 된 것입니다.

우리나라에서도 사람들이 경제성장으로 생활수준이 올라가고 윤택한 생활을 하게 되면서 공장에서 힘든 일을 하는 것을 기피*하게 됩니다. 그리고 좀 더 편하게 일할 수 있는 서비스업과 정보 통신 산업이 성장을 하면서 이와 관련된 직업으로 사람들이 많이 옮겨 가게 되면서 보수도 적으면서 어렵고(Difficult), 더럽고(Dirty), 위험한(Dangerous) 일, 즉 3D 관련 중소 업체에는 일할 사람을 구하기 어렵게 되었습니다. 상황이 이렇게 되자 3D 업종에서 일할 사람을 국내에서 찾지 못하고 눈을 바깥으로 돌려 우리나라보다 경제적으로 어려운 아시아 지역의 노동자들을 들여오기로 결정을 하게 됩니다. 이러한 현상들은 경제성장을 이룩한 나라들에게서 나타나는 현상들입니다. 결국 서로의 이해가 맞아떨어져서 이주 노동자들이 우리나라에 들어오게 된 것입니다.

처음에는 이들 이주 노동자들이 우리나라에 관광을 목적으로 들어오거나 중국 동포인 경우 친지 방문을 목적으로 들어와 돌아가지 않고 몰래 취업하게 되면서 불법체류자가 되기 시작했습니다. 그러나 계속되는 산업 현장에서의 인력난으로 1991년 외국인 산업 연수생 제도와 2004년 고용 허가제가 만들어지면서 본격적으로 많은 아시아 지역의 이주 노동자들이 들어오기 시작을 했습니다.

불법체류자가 된 이주 노동자들

아시아 지역 나라에서 코리언드림을 안고 온 이주 노동자들이 우리나라에서 일할 수 있는 기간은 3년이었습니다. 3년이 지나면 자신들의 나라로 돌아가야 했습니다. 만약 돌아가지 않으면 불법체류자가 되고 단속으로 붙잡히게 되면 본국으로 강제 송환*되었습니다. 하지만 이들 이주 노동자들은 3년 만에 돌아갈 수가 없는 상황이었습니다.

이주 노동자들은 한국에 오기 위해 300만 원에서 1000만 원 정도의 많은 빚을 지고 들어오거나 아니면 집안의 전 재산을 다 팔아야 했습니다. 한국이라는 나라에 가서 몇 년 고생하면 많은 돈을 벌어 올 수 있다는 소문이 퍼지면서 많은 지원자들이 몰렸기 때문입니다. 이러다 보니 노동자들을 모아서 한국으로 보내는 과정에서 중개인들과 관련 단체에서는 불법적으로 많은 돈을 요구하는 일이 생겼습니다. 결국 이들은 많은 빚을 지거나 집안

• 기피 | 꺼리거나 싫어하여 피함.
• 송환 | 포로나 불법으로 입국한 사람 등을 본국으로 도로 돌려보냄.

의 재산을 팔아 돈을 마련해 한국에 들어왔습니다. 물론 이들은 몇 년 고생하면 이 빚도 다 갚고 많은 돈을 가지고 고국으로 돌아가 가족들과 행복하게 살 수 있으리라고 생각했습니다. 그러나 이것은 한낱 꿈에 지나지 않았습니다.

우여곡절 끝에 우리나라에 들어온 이주 노동자들을 기다리고 있는 곳은 기술을 배우기 위한 교육이나 훈련을 받을 수 있는 공장이 아니었습니다. 이들이 취직한 곳은 대부분 우리나라 사람들이 기피하는 3D 업종의 작업장이었습니다. 아주 힘든 일을 하면서 50~60만 원밖에는 안 되는 적은 월급을 주는 중소 업체에서 일하게 되었습니다. 그리고 이들을 더욱 괴롭히는 것은 일하고 생활하는 과정에서 공장 사장에게 상습적인 구타와 욕설, 감금 등의 상습적인 인권침해를 당해야 했고, 또 임금을 몇 달씩 주지 않거나 아예 일을 부려 먹고도 돈 한 푼 주지 않고 그냥 쫓아내는 일도 생겨났습니다. 심지어는 같이 일하는 한국인 동료들로부터도 욕설과 구타, 그리고 심한 멸시를 받아야 했습니다. 이주 노동자들이 가장 먼저 배우는 말 중에 하나가 "때리지 마세요!"라고 할 정도이니 그 심각성이 상당했습니다.

일하다 다치면 우리나라 노동자인 경우 사업주가 책임을 지고 치료를 해 주어야 했지만 이들 이주 노동자들은 치료도 못 받고 그냥 쫓겨나야 했습니다. 한국에 오기 위해 많은 빚을 진 상황에서 몸을 다쳐 더 이상 일도 못하고 장애를 얻고 자신의 나라로 돌아가야 하는 이주 노동자들은 결국 절망에 빠져 스스로 목숨을 끊는 일도 생겨났습니다.

이러한 열악한 환경 속에서 일하는 이주 노동자들은 현재의 작업장보다 더 좋은 곳으로 옮기는 것도 금지되어 있었습니다. 아무리 힘들어도 무조건 참고 일해야 했습니다. 이것을 견디다 못해 몰래 도망치면 불법체류자가 되어야만 했기 때문입니다. 그러나 이들이 온갖 어려움을 견디면서 3년 동안 하루에 15~16시간씩 일하며 돈을 벌어도 우리나라에 들어오기 위해 진 빚을 갚으면 아무것도 남는 것이 없었습니다. 3년이 지나 고국으로 돌아가야 할 시점이 되었을 때 빈손으로 돌아가야만 했습니다. 결국 이들이 선택할 수 있는 길은 작업장을 도망 나와 다른 작업장에서 불법체류자의 신분으로 일하며 다시 돈을 벌어야 했습니다.

이주 노동자의 권익을 보호한다는 고용 허가제는 '사업장 이동의 원칙적 금지' 때문에 이주 노동자들의 노동권은 있으나 마나 한 것이 되어 버렸습니다. 임금 체불, 폭언과 폭력 등 기업주들의 부당한 처우에도 이주 노동자들은 기업주의 허락 없이는 직장을 옮길 수 없기 때문인 것입니다. 고용 허가제와 함께 실시된 강력한 불법체류자 단속은 이주 노동자들을 불안 속에서 하루하루를 살아가게 했습니다. 단속반이 나타나면 공장에서 일하다가 다들 숨거나 신속으로 도망을 쳐야만 했습니다. 도망치는 과정에서 다치거나 목숨을 잃는 일까지도 발생하고 있습니다. 얼마 전에는 미처 피하지 못해 창틀 난간에 숨어 있다가 떨어져

다치고, 건물 옥상에서 옆 건물로 건너가다가 떨어져 숨지는 일도 있었습니다. 이들 이주 노동자들이 단속반에 잡혀 우리나라에서 쫓겨나 자기 나라로 돌아간다는 것은 이들에게는 절망이고 곧 죽음과도 같은 일이기 때문입니다.

일은 여기서 끝나는 것은 아닙니다. 불법체류자로 살아가고 있는 이주 노동자들이 비양심적인 사업주를 만나면 엄청난 고통을 겪게 됩니다. 불법체류자인지 알면시도 공장에서 몇 년 동안 일을 시킨 후 돈을 주지 않고 계속 미루다가 나중에는 아예 돈을 한 푼도 주지 않기 위해 단속반에게 신고해 잡아가게 만듭니다. 이것 역시 이주 노동자들에게는 죽음과도 다를 바 없는 것입니다. 결국 이들은 출국 전에 아니면 강제로 출국되어 자신의 나라에서 자살하기도 합니다. 이렇게 상상하기 힘든 일들이 이주 노동자들에게는 아주 흔한 일들이 되어 버렸습니다.

《사회 선생님이 들려주는 경제 이야기》(인물과사상사, 2008)

:: 생각 키우기

1 바탕글을 읽고 '외국인 노동자'와 '이주 노동자'의 의미를 비교해 보세요.

	외국인 노동자	이주 노동자
단어의 의미		
단어에 강조되어 있는 의미		

2 '이주 노동자'들이 우리나라에 들어오게 된 이유를 정리해 보세요.

3 우리나라 사람들이 이주 노동자를 어떻게 차별하고 있는지 바탕글에서 찾아 정리해 보고, 이주 노동자를 차별하고 무시하는 이유가 무엇인지 생각해 보세요.

4 평소에 '이주 노동자'를 어떻게 생각했는지 적어 보고, 왜 그런 생각을 하게되었는지 이야기해 보세요.

5 다음 글을 읽고 하와이 한인 이주 노동자의 입장이 되어 이주 노동자를 차별하는 우리들의 태도를 비판하는 글을 써 보세요.

미주 한인 이민의 역사는 하와이 사탕수수 농장에서 시작되었습니다.

1903년 1월 13일 101명의 한국 사람들이 하와이의 호놀룰루 항에 도착한 것이 공식적인 미국 이민의 시작입니다.

하와이에서의 생활은 모집 때의 선전 문구처럼 달콤한 것은 결코 아니었습니다. 초기 이민자들의 회고는 눈물과 땀과 외로움, 고향에 대한 그리움 등으로 얼룩져 있습니다. 하루 열 시간씩 뙤약볕과 채찍질 아래서 허리 한 번 못 펴고 일만 하는 혹독한 노동에 시달리고 받는 품삯은 남자가 67센트, 여자와 아이들은 50센트였다고 합니다.

한 달 평균 25일간 엄청난 중노동에 시달리고 받는 돈이 겨우 16달러……. 이 돈에서 하와이까지 오는 뱃삯 갚고, 고향에 조금 송금하고 나면, 기본 생활비도 모자라는 형편이었습니다.

초기 이민자인 이홍기 옹의 증언은 우리의 가슴을 아프게 합니다.

"그저 담배도 못 피우고 일만 했지. 루나(십장)가 못 먹게 해, 일어서지도 못하게 했지. 꼭 꾸부리고 일만 하라는 거야. 찍소리도 못하고……. 우뢰바(채찍)가 날아오니까 꼼짝도 못하지. 우뢰바요? 꼭 그저 소나 말이나 마찬가지지. 거 미국이 할 일은 아니요. 그저 우뢰바로 농사를 지었으니, 그것이 소위 3등국의 행세였소."

이름조차 없이 이민국에 등록된 번호로 불리우는 비인간적 대우를 받았고, 모진 혹사를 당하면서도 십장에게 반항할 수도 없었다고 그는 회고합니다.

반항하는 날이면 당장 일터에서 쫓겨나기 때문이지요. 쫓겨나면 이역만리 타향 땅에서 어디로 가겠습니까? 게다가 영어도 못하고 미국 실정도 전혀 모르니 억울한 일을 당해도 제대로 항의조차 할 수 없는 형편이었습니다.

해외 한인 포털 사이트 '헤이코리안' 누리집(www.heykorean.com)

하인즈 워드 신드롬과
한국의 다문화 가정의 자녀들

한국염

나는 개인적으로 '혼혈인'이라는 용어를 쓰지 않는다. '혼혈'이란 피가 섞였다는 것인데, 이 용어가 가부장적이고, 혈통 중심적인 우리 사회에서는 다분히 배타적*이고 차별적인 의미를 내포하고 있기 때문이다.

이미 1990년대 혼혈인 차별 반대 운동을 하는 단체에서는 '혼혈아'라는 말 대신에 '이중 문화 가정 자녀'라는 말로 자신들의 정체성을 규정한 바 있다. 국제결혼 이주 여성 인권 운동을 하고 있는 나로서는 '다문화 가정의 자녀'라는 말을 즐겨 쓰고 있는데, 문제를 부각시킬 필요가 있을 때는 간혹 '혼혈'이라는 말을 섞어 쓰기도 한다.

아무튼 현재 한국에서는 '코시안* 자녀들', '국제결혼 자녀들', '다문화 가정 자녀들' 등 다양 하게 불리고 있는 이들 어린이들

---

* 배타적 | 남을 배척하는, 또는 그런 것.
* 코시안(Kosian) | 한국인과 아시아인 사이에서 태어난 2세를 일컫는 말.

에 대한 관심이 부정적인 면과 긍정적인 면에서 동시에 높아지고 있다. 부정적인 측면에서는 작년에 프랑스와 호주에서 일어난 소위 '인종 폭동'으로 불리는 사태와 '국민 2세'라는 혈통 중심적 사고에 의한 영향 때문이다. 긍정적인 측면에서는 인권 문제나 더불어 사는 공생 사회의 관점에서 이 어린이들의 삶과 미래에 대한 이야기를 하고 있지만 기반은 매우 약하다.

얼마 전에 한 방송국으로부터 연락을 받았다. 하인즈 워드 방송을 보았느냐고. 그 일을 계기로 국제결혼을 한 가정의 혼혈아에 대한 인터뷰를 부탁한다는 것이다. 하인즈 워드가 누구인줄 몰랐던 나는 처음에는 기자가 무엇을 요구하는지 감을 잘 잡지 못했다. 워드가 누구냐고 했더니 한국인과 흑인 사이에 난 혼혈인으로 미국 슈퍼볼(Super Bowl) 스타라고 했다. 순간, 한국인의 고질병 발작이 또 시작되었구나, 하는 생각이 들었다. 평소에는 관심조차 보이지 않다가, 누가 유명해지면 법석을 떠는 습성 말이다. 그래서 30초짜리 인터뷰를 하면서 "국제결혼 2세들, 즉 다문화 가정의 자녀들은 누구나 하인즈 워드가 될 수 있는 잠재력과 가능성을 갖고 있는 아이들이다. 이 아이들을 위해 한국 사회가 인종 편견을 버리고 이 땅에서 잘 살 수 있는 정책을 마련해야 한다."라는 말로 인터뷰를 끝냈는데, 후에 보니 내 인터뷰 내용은 빠지고 그 자리에 하인즈 워드 성공 스토리가 더 첨가되었다.

다음 날, 그 다음 날도 신문에서 온통 하인즈 워드 이야기더니,

하인즈 워드 모자가 한국을 방문하는 기사가 나온 다음부터는 온통 언론이 하인즈 워드 기사로 도배를 하였다. 하인즈 워드의 방문에 대기업은 물론 온갖 기업들이 줄을 대지 못해 안간힘이고, 평소에 혼혈 아동에게는 관심조차 없던 정치권이 '혼혈인 차별 금지법'을 만든다고 설친다. 하인즈 워드가 유명인이 아니었다면? 두말할 것 없이 아무도 하인즈 워드의 고통에 대해서 관심을 갖지 않았겠지. 이참에 하인즈 워드의 어머니 김영희 씨의 말을 음미해 보자.

"한국 사람 안 쳐다보고, 생각 안 하고 살아온 30년이었어. 내가 워드 데리고 한국 왔었다면 어떻게 됐을까. 아마 그놈 거지밖에 안 됐겠지? 여기선 누가 파출부라도 시켜 줬을까? …… 이제 와서 우리 워드가 유명해지니 관심을 참 많이 가져 준다. 좀 그래. 부담스럽지 뭐. 세상 사는 게 다 그런 거 아니겠어?"

한국에서 살았으면 거지밖에 안 됐을 것이라는 자조 섞인 김영희 씨의 말이 아니더라도 우리 사회가 혼혈인들을 얼마나 냉대했는지 알 만한 사람은 다 알고 있다. 미국 사회에서 성공한 하인즈 워드가 한국인의 피를 갖고 있다고, 한국인이 대단한 것처럼 내세우면서 왜 한국에서 살고 있는 혼혈인들에 대해서는 그토록 무관심하고 차별하는가?

역사상 한 번도 단일민족인 때가 없었는데도, 단일민족임을 내세워 순혈주의*를 강조하며 혼혈인들을 차별하는 한국인들의 태도는 얼마나 자기기만*적인가? 따지고 보면 그동안 우리 사회에서 냉대받고 차별받아 온 소위 혼혈인들은, 유엔군이라는 이름으로 한국에 들어와 우리네 여성들을 성 노리개로 삼았던 주한 미군과 한국 여성 사이에서 태어난 자녀들로서 한국전쟁의 참화*가 빚어낸 역사의 희생자들이다. 이 전쟁사의 희생자들에 대해서 우리 한국 사회는 어떤 보상을 했는가? 보상은커녕, 순혈주의에 집착하여 무시하고 차별하였고 그 결과 혼혈 아동들의 설 자리를 없게 만들었다. 이런 한국 사회가 단지 한국인의 피가 섞였다는 이유로 하인즈 워드에 대해서는 이렇게 열광하고 있는 것이다.

이 '하인즈 워드 신드롬'에 대해 그 역시 혼혈인으로 차별받은 경험이 있는, '국제가족한국총연합회' 배기철(52) 회장과 아내 안성자(53) 씨 부부는 기독교방송 정범구와의 시사토크에서 "그의 성공에 박수갈채를 보낸다. 하지만 그 사람이 한국을 떠날 때, 그리고 선수로서 성공할 때까지 누가 관심이나 가져 준 적 있느냐? 단지 그의 어머니가 한국 사람이라는 이유로 영웅시하고 열광하는 것에 마음이 씁쓸했다. 한국 땅을 지키고 살아온 혼혈인들이 열등감을 갖거나 또 다른 차별을 받게 될까 봐 걱정이다."라고 말했다. 물론 이 하인즈 워드의 성공 이야기에는 어려울 때 아무도 돌아보지 않아 살기 위해서 "마음을 독하게 먹고 이를 악물고" 산 어머니 김영희 씨의 지난한 삶의 여정이 있었다. 김영희 씨의 피맺힌 노고에 대해 노무현 대통령은 "한국인 어머니의 위대한 승리"라고 했다던가? 이런 말은 자칫 성공하지 못한 혼혈인 자녀들 둔 어머니들에게 자괴감*을 갖게 하는 도구 노릇을 할 수도 있다.

어머니의 희생을 통해서가 아니라, 유명해지지 않더라도 혼혈인들이 행복하게 살 수 있는 풍토를 만드는 것이 중요하다. 그러기 위해서는 4월 4일자 《한겨레》에 실린 "워드 모자와 혼혈인들 앞에서 참회한다"는 사설은 매우 시사하는 바가 크다고 본다. 사설은 우리가 참회해야 하는 이유로 다음과 같은 우리의 자기기만을 고발한다.

"성공한 워드에게 방송은 수천만 원의 출연료를 제시하며 인터뷰를 요청하지만, 최고의 가수조차 피부색이 검다는 이유로 출연을 불허했던 게 얼마 전 일이다. 업체들이 경쟁적으로 자동차와 의복, 숙소(하루 600여만 원)를 제공했으나, 다른 혼혈인에게 일할 기회를 공평하게 제공한 기업은 별로 없다."

"대통령이 워드와 함께 식사하지만, 군은 혼혈인에게 입대 기회

• 순혈주의 | 순수한 혈통만을 선호하고 다른 종족의 피가 섞인 혈통은 배척하는 주의.
• 자기기만 | 스스로를 속인다는 뜻으로, 자신의 신조나 양심에 벗어나는 일을 무의식중에 행하거나 의식하면서도 강행하는 경우를 이르는 말.
• 참화 | 비참하고 끔찍한 재난이나 변고.
• 자괴감 | 스스로 부끄러워하는 마음.

조차 주지 않았다. 서울시는 명예 시민증을 준다지만, 따돌림 때문에 학교를 뛰쳐나간 혼혈인의 교육을 걱정하는 기관은 없다."

우리는 하인즈 워드 신드롬을 보면서 한 개인 성공담에 열광할 것이 아니라, 그 신드롬의 그늘에 가려져 있는 차별받고 고통받는 혼혈인들의 문제에 관심을 가져야 한다. 하인즈의 방한을 계기로 열린우리당 정동영 의장은 5일 "국제결혼 가정과 그 자녀가 일상에서 겪는 불편과 차별 대우를 없애고 권익을 향상시키기 위한 노력에 열린우리당이 앞장서겠다"고 말했다. 한나라당도 농촌에서 10명 중 4명이 국제결혼을 하고 있어 혼혈인이 크게 늘고 있는 현실에서 이들이 사회생활에서 불이익을 당하지 않도록 혼혈인에 대한 차별을 금지하고 복지책을 마련하는 내용의 법 제정을 검토 중이란다. 다행인 것은 초등학교 교과서에서 단일민족으로서의 우수성을 강조한 내용을 뺄 것이라고 한다. 교과서를 통해 인종차별 의식이 조장°되기 때문이다. 하인즈 워드 방한을 계기로 다문화 가정의 자녀들 처우 개선 문제가 제기되고 권익 신장으로 이어지는 것은 바람직하지만, 이 역시 신드롬이 끝나면 시들해지지 않을까 걱정부터 앞선다.

여성가족부의 2005년 자료에 의하면 국제결혼 가구의 평균 자녀 수는 1.16명으로, 이를 근거로 추정할 때 한국에 거주하는 다문화 가정의 자녀 수는 약 7만 8000명 정도이며 이 중에서 12세 이하의 자녀가 90% 이상을 차지하고 있을 거라고 추정하고 있다. 다문화 가정 자녀들의 경우 언어 습득과 또래 관계 형성에서 장애를 겪고 있다. 한국어에 능숙치 못하고 피부색이 다르다는 이유로 따돌림이나 소외 현상이 심각하다. 보건복지부 실태 조사에 의하면 다문화 가정 자녀들의 경우 집단 따돌림 경험이 17.6%로, 그 이유가 엄마가 외국인이라서가 34.1%, 의사소통이 안 되어서가 20.7%로 나타나고 있다. 또한 발달 장애나 학습 장애 등 많은 어려움을 겪고 있으나 파악조차 제대로 안 되고 실질적인 지원책도 없는 형편이다. 도시 빈민 가정의 자녀들이 가장 큰 어려움을 겪는 것이 교육 문제인 것처럼, 도시 빈민층과 농어민층을 형성하고 있는 다문화 가정의 자녀들도 교육 문제로 빈곤을 대물림하게 될 가능성이 농후하다*. 이런 실정에서 정치권이 검토하고 있는, 이미 차별적 요소를 지니고 있는 '혼혈인 차별 금지법'이 다문화 가정 자녀들의 행복한 미래를 위한 법으로 현실화되어야 한다. 그리고 말 나온 김에 '혼혈인 차별 금지법'의 폭을 넓혀 '인종차별 금지법'으로 바꾸어서 피부색, 인종, 민족, 국가, 혈통에 의한 차별을 철폐하는 사회 분위기를 조성해야 할 것이다. '혼혈 차별 금지법'도 따지고 보면 혈통 중심적인 틀을 벗어나지 못한, 옹졸한 것이다.

앞서도 말했지만, 다문화 가정의 자녀들은 모두 미래의 '하인

---

* 조장 | 바람직하지 않은 일을 더 심해지도록 부추김.
* 농후하다 | 어떤 경향이나 기색 따위가 뚜렷하다.

즈 워드'가 될 잠재력을 갖고 있다. 성공한 하인즈에 대한 관심을 넘어서 우리 안의 수많은 '하인즈들'에 대해서 더 많은 관심을 갖고 이정표를 세우자. 이것이 '하인즈 워드 키워드'가 담아야 할 진정한 메시지여야 한다.

'한국이주여성인권센터' 누리집(www.wmigrant.org)

:: 생각 키우기

1 글쓴이는 어떤 점에서 '혼혈'이란 말 속에 배타적이고 차별적인 의미가 들어 있다고 했는지 바탕글에서 찾아 적어 보세요.

2 '하인즈 워드 신드롬'을 통해 글쓴이가 비판하고자 하는 점이 무엇인지 찾아서 정리해 보세요.

3 우리 주변에서 '혼혈인'에 대한 차별이 구체적으로 드러난 예를 찾아보세요.

1) 병무청은 2007년 12월 인종, 피부색 등을 이유로 대한민국 국민으로서 병역의무 이행에 차별이 없도록 하는 내용으로 병역법을 개정했지만 외관상 식별이 명백한 혼혈인(흑, 백인계)에 대해서는 제2국민역에 편입한다는 별개의 조항(65조 1항)을 뒀다.

2) 연예인 이유진 씨는 혼혈인에 대한 차별이 두려워 10여 년간 혼혈인임을 숨기고 활동해 오다가 혼혈임을 고백하자 비난 여론이 일어났다.

3)

4)

4 '다문화 가정' 하면 떠오르는 것들을 자유롭게 적어 보세요.

5 다음은 동화의 일부입니다. 주인공 경민이를 위로하고 격려하는 편지를 써
보세요.

> 까무잡잡한 얼굴에 유난히 두툼한 쌍꺼풀. 나는 한국인 아빠와 태국인 엄
> 마 사이에서 태어났습니다. 한국에서 태어나 한국 이름을 갖고 한국에서
> 살지만…… 나는 한국 사람이 아니라 '혼혈아'라고 불릴 뿐입니다.
>
> 처음엔 멋모르고 말을 붙였던 아이들도 내가 혼혈아인 것을 알고 나면
> 다시는 아는 체를 하지 않았습니다.
>
> "야, 경민이 책상엔 손도 대지 마. 손 썩는다, 썩어!"
>
> 태국 사람 피가 섞였다고 내 몸에 병균이 있는 것도 아닌데, 아이들은 툭
> 하면 이렇게 말합니다. 어떤 아이는 내 사물함에 썩은 우유와 달걀을 넣어
> 두기도 했습니다.
>
> 체육 시간에 피구를 할 때는 일부러 공을 세게 던져 나를 맞추곤 했습니
> 다. 내가 속한 팀의 아이들은 경기를 시작도 하기 전에 재수 없어서 질 거
> 라고 투덜거리기까지 했습니다. 그러다 정말 지기라도 하면 그게 모두 내
> 탓인 양 나를 못살게 했습니다.
>
> 《까만 달걀》 (샘터사, 2006)

탈북자로 살아간다는 것

최금희

한국에 들어오는 북한 사람들이 많아지면서 학교나 사회에서 어려움을 겪는 일들도 늘어나고 있습니다. 학교에서 왕따를 당해 학교를 나오는 친구들도 많습니다. 예전에 한국에 사는 북한 학생을 취재한 다큐멘터리를 본 적이 있습니다. 막 중학교에 들어간 북한 학생의 이야기였습니다. 담임선생님은 그 친구에게 이렇게 말했습니다.

"아이들이 네가 북한에서 왔다고 하면 이상하게 보니까 강원도에서 왔다고 하자."

다른 친구들과 다툼이 일자 다른 아이들은 그 아이를 둘러싸고 이렇게 말했습니다.

"야, 너 다시 북한으로 가. 여기에 왜 왔어?"

그 아이는 울면서 집으로 돌아왔고 학교에 가기가 두렵다고 말했습니다. 어린 친구들이 한국에 적응하면서 겪는 고통은 너무나 큽니다. 아이를 보호해 주어야 할 부모마저도 이렇게 말합니다.

"너는 한국에 온 지 몇 년인데 아직도 북한말을 쓰니? 한국에 왔으면 한국말을 써야지."

한국말을 잘하고 한국 사람처럼 옷을 입고 생활한다고 해서 적응을 잘하는 것은 아닌데 말입니다. 아직 민감한 사춘기를 겪고 있는 아이들에게 크게 바뀐 환경은 혼란스럽기만 합니다. 살아온 환경이 확연히 다른 친구들과 관계를 맺는 것도, 새로운 교과과정에 적응하는 것도 쉽지 않습니다. 북한 사람에 대한 차가운 시선도 견디기 힘듭니다.

하나원*에서 만난 친구 한 명은 아직도 한국 사람을 사귀는 일이 어렵다고 합니다. 그 친구는 내게 이렇게 물었습니다.

"넌 한국 사람이 좋니?"

내가 그렇다고 하자 이해할 수 없다는 표정을 짓던 그 친구는 다른 북한 친구들에게 나를 소개할 때 '한국 사람을 좋아하는 애'라고 소개합니다. 아직 마음을 열지 않은 그 친구에게 답답한 마음도 들지만 담을 쌓고 지내는 그 친구의 모습이 남의 일 같지 않습니다.

남한 사람들은 아무렇지도 않은 듯 이런 말을 내뱉곤 합니다.

"왜 왔냐?"

"언젠가는 남한도 배신할 사람들!"

"빨갱이!"

탈북민에 관련된 기사에 따라붙는 꼬리말을 볼 때마다 상처가 되는 건 사실입니다. 그러나 이런 일이 한국 사회의 문제만은 아닌 것 같습니다. 자기와 다름을 인정하는 일은 어느 곳에서든 힘든 일이겠지요.

갖은 고생을 겪으며 한국에 들어온 친구들은 오랜 고통으로 마음이 부서질 듯한 상태인 경우가 많습니다. 아주 여려서 생각 없이 내뱉은 말에도 쉽게 상처받고 세상으로 나갈 용기까지도 잃어버리곤 합니다.

북한 친구들이 좀 더 용기를 가지고 자기를 내보일 수 있으면 좋겠다는 생각을 해 봅니다. 사람들 눈이 동그래져서 신기한 듯 쳐다보아도 "그래, 나 북한에서 왔어. 어때? 너와 같은 사람이야. 봐! 말도 하잖아?" 하고 웃으면서 먼저 다가갈 수 있다면 좋을 텐데 말이지요. 물론 세상의 편견과 시선이 함께 바뀌면 좋겠고요.

"내 고향은 함경북도예요."

이 말 한마디가 왜 그렇게도 힘든지……. 아직은 소수집단의 목소리가 많이 묻히는 현실이기 때문에 이 상황을 바꿔야 할 사람들은 우리라고 생각합니다. 사회의 무관심과 편견 때문에 자신을 잃어서는 안 될 것입니다.

한국 사람들은 북한 사람도 여기서 오래 살면 한국 사람이 될 거라고 생각하지만 난 아직도 북한 사람입니다. 어디를 가도 내

• 하나원 | 탈북민들이 한국 사회에 적응할 수 있도록 정부가 지원하는 '탈북민 정착 지원 시설'로, 탈북민들은 이곳에서 3개월 동안 사회 적응 교육을 받음.

고향 아오지*에서 자란 기억은 사라지지 않을 것입니다. 나는 여전히 고향 친구들이 그립고, 북한 음식이 먹고 싶고, 북한 말투를 여전히 쓰고, 북한 사람의 정서를 느낍니다. 한국 문화에 익숙해졌지만 내 정체성이 흐려진 것은 아닙니다.

부산 사람이 부산 사람이고, 서울 사람이 서울 사람인 것처럼 나도 함경북도에서 자라난 아오지 사람입니다. 14년을 살아온 고향을 잊고 부정한다면 그건 나를 부정하는 것이라고 생각합니다. 내가 살아온 곳이 좋은 곳인지 나쁜 곳인지 판단하기 전에 내가 자란 곳을 있는 그대로 받아들이고 싶은 것입니다.

북한에서 태어나 자란 것을 부끄러워하거나 싫다고 느낀 적은 없습니다. 오히려 북한에서 태어난 덕분에 배고픔을 겪어 봐서 밥의 소중함을 알게 되었고, 헤어지면서 친구들의 소중함도 알게 되었습니다. 타향살이의 설움과 부모님의 소중함도 알게 되었지요. 차별과 멸시를 겪으면서 이런 상황을 바꾸고 싶다는 의지도 생겼으며, 나와 다름을 인정하고 이해할 줄 아는 자세도 익혔습니다. 힘들었지만 소중한 경험을 했다고 생각합니다. 이제는 그 무엇도 이겨 낼 수 있다는 자신감도 생겼으니 무엇과도 바꿀 수 없는 자산을 얻은 셈입니다.

《금희의 여행》 (민들레, 2007)

---

* 아오지 | 함경북도 경흥군 북부의 읍. 우리나라 제일의 무연 탄광 지대이며 특히 석탄 액화 공업으로 유명함.

:: 생각 키우기

1 바탕글을 읽고 탈북 청소년들이 한국에 들어온 뒤 겪고 있는 어려움들을 정리해 보세요.

2 바탕글에서 '나'는 다른 탈북 청소년들과 달리 어려움을 잘 극복해 나가고 있습니다. 그 이유가 무엇인지 찾아보세요.

※ 다음 글을 읽고 물음에 답해 보세요. (3~5번)

〈탈북자 2만 명 시대〉 '우리말' 못하는 아이들

통일부에 따르면 8월 말 현재 남한에 들어온 탈북자는 총 1만 9500여 명인데, 이 중 20% 가까운 2700여 명은 입국 당시 19세 이하 청소년이었다.

이들 탈북자 가운데 상당수는 현주처럼 짧게는 1년, 길게는 7~8년을 중국이나 동남아에서 떠돌다가 어렵게 남한에 들어온다. 특히 청소년의 경우 성장기에 외국 현지 학교에 다녀 한국어 소통을 어려워하는 경우가 많다.

탈북자와 다문화가족을 돕는 재단법인 '무지개청소년센터'가 지난해 15~24세 남녀 탈북자 896명을 대상으로 조사한 결과, 북한을 탈출해 남한에 들어올 때까지 평균 21개월을 중국 등에서 생활했다.

가정환경 등에 따라 정도의 차이는 있지만 남한 입국 전 해외 체류 기간이 길수록 언어와 문화 적응에 더 큰 어려움을 느낀다. 더 심각한 문제는 이들에게 우리말을 가르칠 국내 기관이 마땅치 않고, 부모도 경제활동으로 바빠 자녀들의 한국어 교육을 신경 쓸 여유가 없다는 점이다.

언어에 큰 문제가 없는 탈북 청소년들도 학습 공백과 남북한 교육과정의 격차 때문에 학업에 어려움을 겪는다. 통일부에 따르면 지난해 탈북 중ㆍ고교생이 학업을 중도 포기한 비율이 8.8%에 달해 남한 학생(1.4%)의 6.3배 수준이었다. 한국교육개발원이 지난해 발표한 '탈북학생의 교육실태 분석' 보고서를 보면 탈북 청소년들이 학교를 그만두는 가장 큰 이유는 '배우는 내용이 너무 어려워서'(24%)였다.

이처럼 학업을 따라가지 못하는 아이를 바라보는 탈북자 부모의 심정을 착잡할 수밖에 없다. 2003년에 입국한 신영지(가명. 40대) 씨는 "학교 수업의 수준이 너무 높아 초등학교 5학년 아들이 잘 따라갈 수 있을지 걱정"이라면서 "나는 나대로 적응이 안 되고 아이와도 멀어지는 것 같아 가끔은 괜히 이곳에 와서 고생한다는 생각이 들 때도 있다"고 실토했다.

《연합뉴스》 2010년 10월 6일

3 위 글을 읽고 탈북민 친구들이 한국 사회에 적응하기 어려워하는 이유를 정리해 보세요.

4 탈북민 친구가 전학을 온다면 그 친구를 위해 우리가 할 수 있는 일이 무엇이 있을지 친구들과 이야기를 나누고 그것을 정리해 보세요.

5 탈북민들은 더 이상 이방인이 아닙니다. 이들과 함께 살아가자는 내용을 담은 표어를 만들어 보세요.

3부

인권,
마땅히
누려야 할
권리

메리 베스 팅커

제인 베델

메리 베스 팅커는 1952년 미국 아이오와 주의 디모인에서 태어났어. 그녀가 태어났을 당시 미국은 한국의 6·25 전쟁에 참전 중이었고, 햄버거 체인점인 맥도널드는 일리노이 주에 최초의 점포를 열었고, 소아마비 백신이 마침내 등장했던 때였단다. 미국 경제는 꽃피고 있었고, 출산율은 하늘 높은 줄 모르고 치솟았으며, 미국의 보통 사람들은 안락한 삶을 누리고 있었어.

감리교* 목사였던 메리의 아버지와 그녀의 어머니는 시민의 자유와 도덕적 이상을 믿었던 분들이었어. 그녀의 부모님은 전쟁을 반대하는 열렬한 반전 운동가이기도 했단다. 그래서 메리는 피켓을 들 만한 나이가 되자마자 민권운동*이나 평화 수호 시위에 참가하기 시작했어. 메리가 처음으로 참가한 시위는 디모인에서 열린 '공정 주거' 시위였어. 집을 구할 때 유색인종이나 장애인이라는 이유로 살 집을 구하지 못하는 차별을 받아서는 안 된다는 시위였어. 그때 메리의 나이가 열 살쯤 되었지. 메리는 초등학교 4학년 때, 미국이 제2차 세계대전을 빨리 끝내기

위해 인류 최초로 일본에 투하한 원자폭탄에 대한 숙제를 하면
서 정치와 평화 문제에 남다른 관심을 가지기 시작했어. 5학년
때에는 사형에 대한 글을 쓰기도 했단다. 1965년 메리 베스는 열
세 살이었고 8학년이었어. 학교에서는 메리 베스를 모르는 학생
이 없을 만큼 유명했으며, 아주 뛰어난 학생이었어. 당시 미국은
베트남전쟁의 소용돌이에 휩쓸리고 있었어. 미국 전 지역에서
신문이며 잡지, 텔레비전 방송이 하루가 멀다 하고 베트남전쟁
장면을 내보냈어. 전투 장면을 담은 컬러 사진들이 미국 사람들
의 안방에까지 죽음과 파괴의 장면을 생생하게 전해 주었어. 미
국은 베트남전쟁에 참전할 것이냐 말 것이냐를 두고 둘로 나누
어졌어. 남베트남을 도와 공산주의 침략자인 북베트남을 물리쳐
야 할 것인가? 남의 나라 일에 끼어들어서 엄청난 사람이 죽어
나가고 도덕적으로도 비난받을 전쟁을 하는 일은 정당화될 수
없는가?

　미국 의회가 북베트남에 대해 공식적으로 전쟁을 선포했던 적
은 한 번도 없었지만, 1965년 존슨 대통령은 17만 명의 미군을
남베트남에 주둔시켜 공산주의 침략자들과 싸우게 했어. 11월
첫째 주 동안 베트남전쟁에서 목숨을 잃은 군인의 숫자는 1천
명이 넘었어.

- 감리교 | 기독교 신교의 한 교파.
- 민권운동 | 국민의 자유와 권리의 신장을 꾀하는 정치 운동.

전쟁이 선포되었든 안 되었든 관계없이, 베트남전쟁을 반대하는 140개의 단체가 워싱턴 D.C.에서 시가 행진을 벌이기로 했어. 2만 5천여 명의 시위자가 참가했단다. 시위를 위해 모여든 인파 가운데 아이오와 주에서 온 사람은 대략 50명이었는데, 그중 두 명이 바로 메리 베스의 오빠 존과 어머니 로레나였어.

시위를 마치고 집으로 돌아오는 길에 누군가가, 미국의 베트남전쟁 참전을 반대하는 의미로 검은색 완장*을 차자고 제안했어. 아이오와 주의 조그마한 마을이 눈으로 하얗게 덮인 그 다음 주 주말, 메리 베스와 스물다섯 명가량의 학생과 어른들이 모여서 반전 시위 계획을 의논했어. 학생들은 12월 16일부터 검은색 완장을 차고 학교에 가기로 결정했어. 검은색 완장을 차는 데는 두 가지 이유가 있었어. 한 가지는 동남아시아에서 목숨을 잃은 시민과 군인을 애도하기 위한 것이고, 또 한 가지는 로버트 케네디 상원 의원에 대한 지지를 표시하기 위한 것이었어. 케네디 상원 의원은 크리스마스 하루 동안 전쟁을 중지할 것을 요구했는데, 이 하루의 휴전이 잘되면 협상이나 정전*으로까지 이어질 수도 있었어.

그런데 학생 시위에 대한 이야기가 새어 나가, 급기야는 교육감인 드와이트 데이비스의 귀에까지 들어갔어. 그는 다섯 개 고등학교의 교장 및 중등학교 교장 모임을 소집했어. 그들은 미리 조치를 취해 학교에서 완장 착용을 금지하기로 했단다.

12월 16일 아침, 메리 베스는 완장 착용 금지에 대해 잘 알고 있었지만 스웨터 소매 위에 완장을 차고 학교로 갔어. 그녀는 베트남전쟁을 반대한다는 자신의 입장을 밝히고 싶었고, 검은색 완장이 그런 자신의 뜻을 나타내는 평화적인 방법이라고 생각하면서 교실로 들어갔어. 그녀는 완장을 두른 채 오전 수업에 참가했고, 과학 시간에는 학교에서 완장을 두를 권리를 달라는 청원서를 돌리기도 했어. 점심 시간이 되자 몇몇 남학생이 그녀를 놀리기도 했고, 어떤 학생들은 베트남전쟁에 대해 질문을 던지며 토론을 벌이기도 했어.

수학 시간 중에 리처드 모벌리 선생님은 그녀에게 통행 허가증을 주며 교무실로 보냈어. 교감 선생님은 메리 베스를 보자 완장을 떼라고 말했어. 그녀는 교감 선생님이 시키는 대로 하고는 교실로 되돌아갔어. 하지만 몇 분 후 메리 베스의 지도교사가 그녀를 불렀어. 다시 교무실로 가자 지도교사는 메리 베스에게 학교에서 정학당했다는 사실을 알려 주고 그녀를 집으로 돌려보냈단다.

그날 저녁, 스물다섯 명의 학생과 그 부모님들이 메리 베스와 크리스토퍼 에카트라는 학생의 정학 문제에 어떻게 대응해야 할지를 의논했어. 이 두 학생은 교장 선생님이 학교 내 완장 착용을 금지한 뒤에도 완장을 찼던 학생들이었어.

---

* 완장 | 신분이나 지위 따위를 나타내기 위하여 팔에 두르는 표장.
* 성전 | 쌍방의 합의에 따라 일시적으로 전투를 중단하는 일.

이들은 다음 교육위원회 회의가 열리는 12월 21일에 시위를 벌이기로 했어. 같은 주 주말, 메리 베스의 오빠를 포함해서 세 명의 학생이 완장을 착용했다는 이유로 학교에서 또 정학을 당했어.

시위 소식은 멀리까지 퍼졌고, 아이오와 주의 '시민 자유 연맹(Civil Liberties Union)'의 크레이그 소여 변호사가 교육위원회 회의에서 학생들을 대신해 변호하겠다고 나섰어. 크레이그 변호사는 학교 당국이 언론과 표현의 자유를 보장하는 수정 헌법 1조*를 어기고 있다고 주장했어. 그러자 교육위원회는, 표현의 자유는 허락할 수 있지만 학교는 예외라고 반박했어. 자칫하면 학교에 해를 끼치고 다른 학생들을 위험에 빠뜨릴 수 있다는 이유를 들어서 말이야.

12월 23일, 메리 베스와 같은 시위자들에게 자극을 받은 미국 정부는 30시간 동안의 크리스마스 휴전을 선포했어. 메리 베스와 시위자들은 반전 시위 및 학교에서의 완장 착용을 지지하는 편지와 전화를 수없이 받았단다. 하지만 베트남전쟁을 지지하고, 반전 시위가 반애국적인 행위라고 생각하는 미국인도 많았어. 어떤 사람들은 표현의 자유와 전쟁을 따로 떼어 놓고 생각할 수가 없었어. 아니, 생각하고 싶지 않았는지도 모르지. 당연히 이들은 메리 베스와 그녀의 가족에게 적대적이었단다. 메리 베스의 가족은 크리스마스 이브에 집을 폭파하겠다는 전화를 비롯해서 위협하는 내용의 전화를 여러 차례 받았어. 자기 이름을 메리 베스라고 밝힌 여자 한 명은 전화를 걸어 그녀를 죽이겠다고 협박하기도 했어. 그녀의 집에 붉은색 페인트를 끼얹는 사람도 있었어. 이웃 사람 중 한 명은 메리 베스가 지나갈 때 고함을 지르기도 했고, 한 라디오 토크쇼 진행자는 누구라도 메리 베스의 아버지를 총으로 쏜다면 재판 비용을 자기가 내겠노라고 제안하기도 했어.

메리 베스는 크리스마스가 지난 뒤 완장을 차지 않은 채 학교로 돌아갔어. 그녀처럼 정학을 당했던 크리스토퍼 에카트는 이렇게 말했어.

"우리는 학교로 다시 돌아갔습니다. 교육위원회의 말이 옳다고 믿어서가 아니라 그들이 힘을 가졌기 때문입니다."

1966년 1월, 다시 모임을 가진 교육위원회가 완장 착용 반대 입장을 분명히 하자, 메리 베스와 존 베스, 크리스토퍼 에카트는 아이오와 주 남부 지방의 지방법원에 고소를 했어. 1966년 7월 25일에 재판이 시작되었어. 법원은 학교 당국의 편을 들어 주었고, 이 사건은 고등법원인 미주리 주 세인트루이스의 제8 순회법원까지 올라갔단다. 순회 법원에서는 여덟 명의 판사들이 사건을 검토하도록 되어 있어. 세 명의 판사로 이루어진 배심원이 먼저 양쪽의 주장을 듣고 난 뒤 재심리 명령을 내렸어. 1967년

• 수정 헌법 1조 | "의회는 발언의 자유, 언론의 자유, 평화로운 집회 권리, 불만을 시정하기 위해 정부에 청원하는 권리를 박탈하는 입법을 할 수 없다."

11월 재판은 4대 4로 팽팽하게 판결이 나누어졌고, 결국 하위 법원의 판결을 따르게 되었어. 메리 베스 쪽이 졌던 거야.

학생들로서는 이제 미국 최고 법원인 대법원에 항소하는 길밖에 없었어. 1968년 10월 대법원의 심리가 시작되었어. 메리 베스는 부모님과 함께 법정 맨 앞줄에 앉아서 양측의 공방을 지켜보았어.

1969년 2월 24일, 대법원은 판결을 내렸고, 이 판결은 언론의 대대적인 관심을 끌었어. 대법원 판사 아홉 명 중 일곱 명이 메리 베스의 편을 들어 주었단다. 학교 수업을 방해하지 않는 한 학생들이 정치적 입장을 표현할 수 있는 권리가 헌법에 보장되어 있다는 판결이 나온 거지. 에이브 포트라스 대법원장은 다수의 입장을 다음과 같이 밝혔어.

"헌법이 보장하는, 학생이나 교사의 표현할 권리를 학교가 막아서는 안 된다."

판결이 발표되었을 때 메리 베스와 그녀의 가족은 이사를 가서 세인트루이스에서 살고 있었어. 소문은 재빨리 메리 베스가 다니는 고등학교에 퍼졌고, 새로 전학 온 학생은 삽시간에 유명 인사가 되었지. 메리 베스는 대법원의 판결에 기뻐했지만 갑작스럽게 유명해진 일에 조금 당혹스러웠어. 그 후 메리 베스는 간호사가 되었고, 지금도 여전히 세인트루이스에 살고 있어. 그녀는 기회가 있을 때면 수정 헌법 1조에 대해 학생들에게 강의한단다. 워싱턴 D.C.에 있는 워싱턴대학교는 2001년에 학생의 권리를 가장 용감하게 지킨 사람에게 주는 '메리 베스 팅커 상'을 만들었어.

오늘날 메리 베스의 법정 싸움은 학생의 권리를 위해 싸운 이 정표적인 사건으로 여겨지고 있어. 메리 베스는 폭력적인 수단을 동원한 것도 아닌데 자신의 생각을 표현했다는 이유로 자신을 처벌한 공립학교의 권위에 도전했고, 대법원은 그녀의 손을 들어 주었지. 대법원장 에이브는 '의견의 차이'가 논쟁을 불러일으킨다 해도 '우리 미국의 국가적인 힘의 기초'가 되는 것이라고 말했어.

"역사를 돌이켜 보면 알 수 있습니다. 우리는 규칙을 어겨서라도 기존의 것에 도전을 해야 할 때가 있습니다. 항상 있는 그대로의 현실을 따를 수는 없습니다."

_ 메리 베스 팅커

《세상을 바꾼 용기 있는 아이들》 (꼬마이실, 2005)

:: 생각 키우기

1 바탕글을 읽고 베트남전쟁 반대 시위에 참가했던 사람들이 '검은색 완장'을 차게 된 이유는 무엇인지 정리해 보세요.

2 워싱턴대학교에서 '메리 베스 팅커 상'을 만든 이유는 무엇일지 생각해 보세요.

3 1965년 12월 16일 아침부터 1969년 2월 24일 대법원 판결까지 메리 베스 팅커와 그녀의 친구 및 가족들에게 일어났던 일들을 소개하는 기사문을 써 보세요.

예시	브라질 차기 정부 女風 거세질 듯 대통령 당선자 "각료 3분의 1 여성으로 채울 것" 내년 1월 1일 출범하는 브라질 새 정부에서 여풍(女風)이 거세게 불 것으로 보인다. 　9일 브라질 일간《폴랴 데 상파울루》의 보도에 따르면 지우마 호세프(62. 여) 대통령 당선자는 새 정부 각료의 3분의 1 정도를 여성으로 채운다는 구상을 가진 것으로 알려졌다. 이 신문은 호세프 당선자가 지난 7일 루이스 이나시오 룰라 다 실바 대통령 및 정권인수위원회 위원들과의 회동에서도 이 같은 뜻을 밝혔다. 《세계일보》 2010년 11월 10일

112

기사문	제목(표제) : 소제목(부제) : 기사 내용 :

4 메리 베스 팅커의 경우처럼 개인의 권리와 국가(사회)의 이익이나 규칙 사이에서 갈등을 일으키는 사건을 인터넷에서 찾아 소개해 보세요.

예) 머리를 기르고 싶은 학생과 두발 규정을 지키려는 학교의 갈등.

5 메리 베스 팅커처럼 국가나 집단과 대립하게 되어 위협을 당하거나 불이익을 당하게 되었다면 어떻게 행동했을 것인지 여러분의 생각을 적어 보세요.

아니, '백인'이
뭐가 좋다고 이러는가?

박노자

7년 전까지 국내 한 대학교의 외국어 대학에 원어민 강사로 있었을 때 바로 옆 과인 영어과의 원어민 강사들과 꽤 자주 만났다. 러시아계 원어민은 나 혼자였고, 그들은 10명이 넘었지만 거의 대부분이 백인이었다. 흑인은 물론 라틴(히스패닉*)계는 한 명도 없었다. 유일한 예외는 미국에서 자란 '1.5세' 교포 한 명이었는데, 그때 그분에게 아주 놀라운 이야기를 들었다. "흑인 등 미국 사회 안의 소수자에 대한 배제는 물론이고, 백인처럼 생기지 못한 교포까지도 한국 대학가에서 취직하기가 아주 틀렸다."라는 것이다.

솔직히 그 이야기를 듣는 순간, 반신반의도 아니고 거의 못 믿었다. 아니, 한국 대학이 같은 한국인들까지도 차별한다고? 그야말로 믿어지지 않는 이야기였다. 그런데 점차 다른 대학의 영문과 교수, 강사 분들과 관계를 넓히면 넓힐수록 그 말이 맞다는 걸 알게 됐다. 흑인 교수를 거의 본 일이 없었고, 교포들 역시 극소수에 불과했다. 지금 미국 총인구의 12%는 흑인, 13%는 히스패닉, 4%는 아시아인이지만, 한국 대학가에서 재현된 '우리들의 작은 미국'은 거의 완벽한 '백인 천하(?)'였다. 일부 교포 교수들의 말에 따르면 그분들은 백인 동료들에게도 소외를 당하기 일쑤였고 대학 당국에서도 '반갑지 않은 손님' 대접을 받았단다. "아무리 2세, 3세라 해도 네이티브(native) 영어가 될 수 없지 않은가?"라는 이야기를 들은 경우도 있단다. 대학에조차 백색 피부와 영어 발음의 순도*가 연결돼 있다는 걸 믿는 사람이 있다니 눈을 씻어 보고 싶은 심정이었다. 20세기 말의 대학 맞나?

어제 영문 일간지에서 대학도 아닌 학원가에서 흑인 강사들이 당하는 차별에 대한 기사를 읽고서 거의 잠이 안 올 지경이었다. 한국 법체계에 아직 인종차별 처벌 규정이 없기 때문인지 학원가에서 강사직을 구하겠다는 흑인에게 "죄송하지만, 우리 학부모들이 백인을 선호한다." "참 미안한데, 우리는 백인을 찾는다." 라고 대답해도 무방한 모양이다. 3년 전에 내 아내가 여기 오슬로에서 구직 운동을 했을 때 누군가 "동양인이니까 서양음악을 어떻게 가르치겠느냐?"라고 하기만 했다면 소송을 제기하여 아주 큰돈을 벌 수도 있었을 터인데…….

이곳 노르웨이에서 공석에서 그러한 이야기를 한다는 것은 거의 공인으로서의 자살에 가까운 행위이다. 그런데 한국에서는

• 히스패닉(Hispanic) | 스페인어(에스파냐어)를 쓰는 중남미계의 미국 이주민을 뜻함.
• 순도 | 어떤 물질 가운데에서 주성분인 순물질이 차지하는 비율.

"흑인이니까……."가 아직 통하나 보다. 밖에 나가서 인종차별을 당한 적 있는 분이면, 그 흑인 구직자들이 한국 학원가에서 이와 같은 대접을 받으며 뭘 느꼈을지 잘 알 것이다. 아니, "조센징 데스가라(조선인이라서……)"를 듣고 괴로워했던 식민지 피해자의 자손들이 왜 꼭 그렇게 옛날 주인들의 행세를 흉내 내려 할까?

인종차별이란 인류에 거역하는 잔혹 행위다. 오늘날 세상에서는 바보짓이기도 하다. 40년 후에는, 소위 '백인'들은 미국에서 소수자 신세가 될 것이고, 100년 후라면 이 지구를 지배할 언어는 어쩌면 중국어와 에스파냐어일지도 모른다. 지금 '백인'을 우월시하는 것은, 사실상 조선 말기에 만동묘* 제사를 지내야 한다고 난리 치는 것과 마찬가지다. 과거의 고정관념 속에서 사는 것만큼 어리석은 일이 또 있을까?

《만감일기 – 나, 너, 우리, 그리고 경계를 넘어》 (인물과사상사, 2008)

• 만동묘 | 임진왜란 때에 우리나라를 도와준 중국 명나라의 의종과 신종을 제사 지내기 위하여 세운 사당.

:: 생각 키우기

1 글쓴이가 말한 한국 대학가에서 재현된 '우리들의 작은 미국'은 무엇을 의미하나요?

2 똑같은 실력과 출신 배경을 지녔음에도 불구하고 흑인보다 백인 강사를 선호하는 이유는 무엇인가요?

3 다음은 미국 드라마의 한 장면입니다. 이 장면을 보고 난 느낌을 자유롭게 적어 보세요.

상황
평소에 친하게 지내던 이웃집 딸의 생일잔치에 초대된 흑인 부부는 이웃집 딸이 평소에 좋아하는 바비 인형을 선물한다. 하지만 흑인 바비 인형이라는 이유로 이웃집 딸은 흑인 부부의 선물을 집어던진다.

• 흑인 부부와 그 딸의 심정은 어땠을까?

• 나의 느낌 :

4 지금까지 살아오면서 차별당했거나 혹은 누군가를 차별했던 경험이 있다면 써 보고, 그때의 이유가 무엇이었는지도 써 보세요. 그리고 그 이유가 타당한 것이었는지에 대해 친구들과 의견을 나눠 보세요.

나의 경험	차별의 이유
초등학교 때 학교 연극에서 왕자 역을 맡고 싶었지만 키가 작아서 못 하게 됨.	작은 키

5 다음 글은 인종차별로 비극적인 삶을 살다 간 한 여성의 이야기입니다. 이
글을 읽고 '사끼 바트만(사라 바트만)'을 차별했던 사람들을 비판하는 글을
써 보세요.

200여 년 전, 남아프리카 공화국의 케이프타운 인근에 살고 있던 '사끼 바
트만(Saartje Baartman)'이라는 흑인 여성은 백인 여성들에 비해 불룩 튀어나
온 큰 엉덩이로 인해 영국인 윌리암 던롭(William Dunlop)의 관심을 받게 되
고 그의 꼬드김에 넘어가 유럽으로 건너오게 된다.

당시 유럽 여성들과 다른 신체 구조를 지녔던 그녀는 많은 학자들과 사
람들의 관심 대상이 되어 나체로 신체를 보여 주는 일을 당하면서 이른 바
'인종 전시'의 대상으로 전락하고 만다. 이 과정에서 백인들이 부르기 쉽게
이름 역시 '사라 바트만'으로 바뀌게 되는 수모를 당한다.

영국에서의 관심이 식어 갈 무렵 프랑스의 야생동물 흥행사에게 팔려 간
그녀는 5년여 동안 이어진 전시와 매춘의 노역에 시달리다 스물여섯 번째
의 생일을 앞둔 1815년 1월 1일 새벽에 프랑스 파리에서 비참한 최후를 맞
았다.

그러나 죽음 뒤에도 그녀의 비참한 상황은 계속 이어지는데 프랑스의 유
명한 해부학자인 조르주 퀴비에(Georges Cuvier)에게 양도되어 시신에서 생
식기와 뇌가 분리되고 '인간이 멈추고 동물이 시작되는 지점'이라는 연구
대상이 되어 그녀의 뇌와 성기가 병에 담긴 채로 186년 동안 프랑스 인류
학 박물관에 전시된다.

그 뒤 7년간의 긴 협상 끝에 2002년 5월, 남아프리카 공화국 정부는 프랑
스 정부로부터 그녀의 유해를 인도받아 고향 강가에 묻어 주었다.

그녀의 부족 이름인 코이코이(Khoikhoi)는 코이코이족 언어로 '사람'을 뜻
한다고 한다.

보이기는 싫어도 보고 싶다

오창익

서울 강남구에서 시작된 길거리 방범용 CCTV가 부쩍 늘고 있다. 경찰청 자료에 따르면 2005년 1978대였던 것이 2006년 8월 말 현재 3743대로 늘었다. 놀라운 증가세다. 길거리 방범용 CCTV의 원조격인 강남구에만 372대가 있다. 전국에 설치된 카메라 10대 중 1대가 강남구에 있는 것이다.

그렇지만 전국에 방범 목적으로 설치된 CCTV 카메라가 몇 대인지는 사실 누구도 모른다. 앞의 통계는 전국의 경찰서가 직접 관장하는 카메라 대수일 뿐이다. 개인이나 단체, 또는 기관이 길거리에 설치한 것이 얼마나 되는지, 주차장, 지하철, 버스, 공공장소, 회사 같은 곳까지 합하면 그것이 또 얼마나 되는지 누구도 모른다. CCTV 설치는 법의 통제를 받지 않기 때문이다. 서울메트로가 운영하는 지하철 117개 역사에 2365대의 CCTV 카메라가 설치되었다든지 하는 극히 일부만 확인할 수 있을 뿐이다.

주민을 대상으로 한 과학적인 설문 조사를 제대로 한 적은 없지만, 길거리에 방범용으로 CCTV를 다는 것에 대해 물으면 대체로 70% 이상은 찬성할 듯 보인다. CCTV를 설치하면 범죄 예방과 범인 검거에 효과가 있다는 믿음 때문이다.

실제로도 효과가 있을까. 강남경찰서는 강남구의 총 범죄 건수가 대폭 줄었는데, 그것이 바로 CCTV 설치의 효과라고 말한다. 심지어 어떤 서장은 "경찰관 열 명보다 CCTV 한 대가 더 낫다."는 말을 하기도 했다. 그렇지만, 꼼꼼히 살펴보면 과연 CCTV 효과 때문인지는 의문이다. 강남구의 범죄 통계를 보면 강·절도는 줄었지만, 살인과 강간 사건은 오히려 늘었다. 범인 검거율도 CCTV가 한 대도 없는 중랑경찰서가 93.9%인 데 비해, 강남경찰서는 86.2%, 수서경찰서는 71.3%밖에 안 된다. 검증된 효과가 있다고 볼 만한 근거는 어디에도 없다.

더 큰 문제는 길거리를 다니는 모든 시민이 예비 범죄자로 간주되어 경찰의 감시를 받는다는 것이다. 주권자요 납세자이며, 경찰 서비스의 수혜자인 시민이 경찰에게 받는 대접치고는 너무 고약하다.

24시간 촬영에 줌인(zoom-in) 기능과 360도 회전까지 가능한 고성능 카메라는, 카메라를 통제하는 사람이 마음만 먹으면 얼마든지 남의 집 안방까지도 엿볼 수 있다. 법률적 근거가 없기 때문에 무엇을 촬영하는지, 촬영한 녹화물을 어떻게 하는지에 대한 규정도 전혀 없다.

CCTV 판매업자들의 로비 때문인지, 아니면 효과는 어떻든 간에 무언가 시민들의 안전을 위해 열심히 일한다는 증거를 보여 주고 싶은 자치단체장, 지방의원, 경찰의 전시 행정을 위한 과욕 때문인지 CCTV 카메라는 계속 늘고 있다.

시민들은 일방적으로 CCTV 카메라에 촬영당하는 처지에 있다. 그런데도 시민들은 자신이 촬영당한다는 사실을 의식하지도 못하고, 자신이 촬영당하는 것이 어떤 문제인지도 모른다. 왜냐면 철저하게 CCTV를 촬영하는 사람의 관점에 서 있기 때문이다. 일반인들이 CCTV에 대해 알 수 있는 계기는 텔레비전 뉴스를 통해 보는 CCTV 녹화물이 전부이다. 녹화물은 당연히 찍히는 사람이 아니라 찍는 사람의 관점을 갖고 있다. 처지는 찍히는 사람이지만, 인식의 계기는 찍는 사람의 편에서 마련되는 것이다.

나는 새벽에 신문 읽기를 즐겨 한다. 집 앞에는 도로가 있지만, 새벽길은 인적이 드물다. 옷을 다 갖춰 입기 싫을 때는 그저 속옷 바람에 문을 열고 나가 신문을 가져온다. 물론 남들 눈을 의식해 동작은 빨라진다. 만약 그 장면을 누군가 보고 있다면, 그냥 보고 있는 것이 아니라 동영상 촬영을 하고 있고, 그 녹화물을 어디에 쓸지도 모른다면. 그 장면을 보고 저들끼리 앉아서 낄낄대고 있다면 나는 도대체 뭐가 되나?

꼭 나쁜 짓을 하거나 범죄를 저질러서가 아니라 사람에게는 누구에게나 남에게 보여 주고 싶지 않은 자신만의 세계가 있다. 헌법이 사생활의 비밀을 중요한 기본권으로 확인하는 것도 자신만의 세계가 노출될 때 겪는 개인의 고통을 막자는 뜻이다. 내가 어디를 걷든, 길을 걸으며 담배를 피우든, 또는 단정한 옷차림이 아닌 채로 어디론가 빨리 걸어가든, 음악을 들으며 콧노래를 흥얼거리든 그건 나만의 세계에 머물러 있어야 한다. 그걸 누군가, 그것도 국가가 들여다보고 녹화까지 해 둔다면, 나를 지켜보는 감시의 눈을 의식할 수밖에 없다. 국민이 국가의 주인인데도 국가의 눈을 끊임없이 의식해야 한다.

국가가 어떤 이유에서든 시민을 일상적으로 감시하는 사회는 바람직한 사회가 아니다. 세계 최저 수준의 범죄율, 세계 최고의 치안 수준을 유지하는 한국에서 (세계적으로 영국을 제외하고는 유례가 없는) 이런 특별한 감시 장치를 작동해야 하는 이유를 알다가도 모르겠다.

《십중팔구 한국에만 있는!》(삼인, 2008)

:: 생각 키우기

1 바탕글에 제시된 CCTV 설치에 찬성하는 이유와 반대하는 이유를 정리해 보세요.

찬성하는 이유	반대하는 이유
CCTV를 설치하면 범죄 예방에 효과적이다.	CCTV가 범죄를 예방한다고 볼 만한 근거가 없다.

2 우리 주변에서 CCTV가 설치된 곳을 찾아 있는 대로 적어 보세요.

3 우리 주변에 설치된 CCTV를 보면 어떤 생각이 드는지 말해 보세요.

※ 다음 글을 참고해서 질문에 답해 보세요. (4~5번)

고 최진실 유골함 도난 사건을 비롯해 현금 수송 차량 탈취 사건 등 미궁에 빠질 뻔한 대형사건 해결에 결정적으로 기여한 것은 CCTV였다. 7명의 부녀자를 무참히 연쇄 살해한 강호순 사건이나 빈번히 일어나는 편의점 강도 사건 역시 CCTV를 통해 범인을 붙잡은 대표적인 사건들이다.

사람보다 똑똑한 CCTV, 그 역할은?

이런 강력 사건 해결에 CCTV가 결정적 기여를 하면서 지방자치단체는 물론 기업이나 개인이 설치한 CCTV가 꾸준히 늘어나 현재 전국에 250만 대 이상이 가동되고 있는 것으로 추산되고 있다. 안양시에서는 지난해부터 시내 곳곳에 첨단 CCTV를 설치해 교통은 물론 방범과 수해 방지, 산불 감시 등에 활용하고 있다.

24시간 감시, 불안과 우울증에 시달리는 사람들

서울의 한 사업장에서는 CCTV를 설치하여 노조원들을 감시, 결국 노조원들이 집단 정신질환 판정을 받은 사례도 있다. 이들은 사건이 발생한 지 5년이 넘었지만 여전히 CCTV에 의한 불안과 우울증에 시달리고 있다. CCTV가 우후죽순처럼 마구잡이로 설치돼 시민의 생활 구석구석을 들여다보고 있지만 CCTV 설치와 사후 관리 감독에 관한 법적 근거가 제대로 마련되어 있지 않다. 공공기관에 대해서는 공공기관의 개인 정보 보호에 관한 법으로 일부 규제를 하고 있지만, 민간 부분의 CCTV 설치에 관해서는 이렇다 할 기준과 규제가 없어서 개인 정보 유출과 사생활 침해 가능성의 사각지대로 남아 있다.

〈SBS 뉴스 추적〉, 2008년 9월 23일

4 친구들과 함께 'CCTV가 필요한 곳'과 'CCTV가 필요 없는데도 설치되어 있는 곳'을 찾아서 정리해 보세요.

· CCTV가 필요한 곳 :

· CCTV가 필요 없는데도 설치되어 있는 곳 :

5 'CCTV 설치'에 대해 어떻게 생각하는지 여러분의 생각을 적어 보세요.

살아 있는 비너스

서해경·이소영

그리스 시대에 만들어진 '밀로의 비너스'라는 조각상은 두 팔이 없습니다. 하지만 아무도 비너스에게 팔을 달아 주어야 한다고 말하지 않아요. 만약 살아 있는 사람에게 두 팔이 없다면 어떨까요? 밀로의 비너스를 보듯 그렇게 바라볼 수 있을까요?

1965년 4월 8일, 한 아기가 태어났습니다. 아기를 본 병원 사람들은 모두 할 말을 잃고 말았습니다. 모습이 보통의 아기들과는 너무 달랐기 때문이었지요. 팔과 다리는 짧았고, 얼굴은 온통 붉은 점으로 가득해서 마치 작은 괴물처럼 보였습니다. 이 아기가 바로 앨리슨 래퍼입니다. 병원 사람들은 앨리슨의 어머니에게 말했어요.

"이 아이는 하루라도 빨리 장애아 시설로 보내는 게 좋겠어요."

그 당시 장애아들은 대부분 부모와 함께 살 수 없었습니다. 시설에서 장애아를 돌보는 것이 아이에게도 좋다고 생각했거든요. 그래서 앨리슨은 태어난 지 일주일 만에 가족과 헤어지게 되었습니다.

앨리슨의 병은 '해표지증'이었습니다. 해표지증은 팔다리의 뼈가 없거나 너무 짧아 손발이 몸통에 붙어 있는 장애 증상을 말해요. 앨리슨도 양쪽 팔이 없고, 짧은 다리에 발이 달려 있었지요.

시설에는 앨리슨처럼 장애를 가진 아이들이 많았습니다. 앨리슨은 그곳에서 정한 규칙에 따라 놀이를 하거나 공부를 하다 잠자리에 들어야 했습니다. 투정을 부릴 때도, 한밤중에 무서운 꿈을 꾸다 깰 때도, 앨리슨을 따뜻하게 안아 줄 사람이 없었습니다. 하지만 앨리슨은 밝고 영리한 소녀였습니다. 잘 웃고, 때론 짓궂은 장난을 치기도 했지요. 공부를 썩 잘하지는 못했지만 미술을 좋아했습니다. 세 살 때부터 발로 붓을 잡고 그림을 그렸고, 열여섯 살에는 미술 대회에서 상을 받기도 했지요.

17년 뒤, 앨리슨은 시설을 나오게 되었습니다. 이제 혼자 힘으로 세상을 살아가야 했지요. 어떤 공부를 해야 할지, 무슨 일을 해야 할지 모든 것을 스스로 판단하고 결정해야 했습니다.

"그냥 이곳에 있으면 안 될까요? 나가고 싶지 않아요. 제발 부탁이에요."

그동안 자기를 보호해 주던 공간이 사라지자 앨리슨은 두려웠습니다. 하지만 그런 두려움은 오래가지 않았습니다. 세상과 떨어져 방에 갇혀 있는 것보다, 좀 불편하더라도 세상으로 나가 사람들을 만나고 싶다는 소망이 더 컸으니까요.

앨리슨에게는 꿈이 하나 있었습니다. 바로 대학에 가서 미술 공부를 하는 거였지요. 그래서 20대 중반의 나이에 브라이튼 미술대학에 입학했습니다. 그때까지 브라이튼 미술대학에는 장애인이 다닌 적이 없었습니다. 그러니 장애인을 위한 시설물도 당연히 없었지요. 휠체어가 다닐 수 있는 경사로도 없었고, 엘리베이터 버튼도 앨리슨에겐 높기만 했습니다. 누군가 와서 버튼을 눌러 주지 않으면 위층으로 올라갈 수도 없었지요.

교수들과의 사이도 겸연쩍기만* 했습니다. 장애인을 가르쳐 본 적이 없는 교수들은 앨리슨을 어떻게 대해야 할지 몰랐어요. 그래서 강의실이나 복도에서 앨리슨과 마주쳐도 슬쩍 외면하곤 했습니다. 그러나 앨리슨은 그런 편견과 불편을 잘 참아 냈습니다.

대학에서는 인체데생을 많이 했습니다. 앨리슨은 정상적이고 아름다운 몸을 가진 모델들을 그리는 것이 행복했어요. 마치 자신의 팔과 다리가 정상인처럼 움직이고 춤추는 것처럼 느껴졌습니다. 캔버스를 그림으로 가득 채울 때마다 가슴이 울렁거릴 정도였지요. 그러던 어느 날, 앨리슨의 그림을 보던 한 교수가 말했습니다.

"학생은 자신이 누구인지 보고 싶어 하지 않는군. 그래서 자신과 다른 인간의 몸만 그리는 게 아닐까?"

앨리슨은 충격을 받았습니다. 자신의 몸에 대해 깊이 생각해 보지 않았던 거지요. 아니, 어쩌면 장애가 있는 자신을 애써 잊

* 겸연쩍다 | 쑥스럽거나 미안하여 어색하다.

으려고 했던 것인지도 모릅니다.

앨리슨은 복잡한 마음에 도서관에 앉아 미술 관련 책들을 들 춰 보고 있었습니다. 그때 한 사진이 눈에 들어왔습니다.

"어, 이건? 바로 나잖아!"

앨리슨은 조각상이 인쇄된 책장에서 눈을 뗄 수 없었습니다. 그 조각상은 고대 그리스 시대에 만들어진 〈밀로의 비너스〉라는 작품이었습니다. 두 팔이 잘려진 조각상, 하지만 사람들이 아름 답다고 칭송해 마지않는 그 조각상이 바로 자신의 몸과 닮았던 것이지요.

그때부터 앨리슨은 자신의 몸에 관심을 갖기 시작했습니다. 석고로 자신의 몸을 떠서 조각상을 만들기도 했지요. 앨리슨은 그 작품들을 졸업 전시회에 내놓았고, 교수들은 앨리슨의 새로 운 시도를 높게 평가했어요. 결국 앨리슨은 수석으로 졸업을 하 게 되었습니다.

졸업 후 앨리슨은 정식으로 화가가 되어 자신의 몸을 그린 작 품들을 사람들에게 보여 주었지요. 그 작품을 본 사람들의 반응 은 제각각이었어요. 어떤 사람은 불편해하며 작품을 똑바로 쳐 다보지 않았고, 어떤 사람은 앨리슨의 용기에 박수를 쳐 주었어 요. 또 진지하게 충고하는 사람도 있었습니다.

"앨리슨, 누구도 자신의 거실에 장애인이 그려진 그림을 걸어 두고 싶어 하진 않아요."

하지만 앨리슨은 더욱 자신의 작품 세계에 열중할 뿐이었어요. 당당하게 살아가는 앨리슨은 사랑하는 사람도 생기고, 아기까지 갖게 되었습니다. 주변 사람들은 걱정을 늘어놓았습니다.

"그런 몸으로 어떻게 아이를 키우려고 해?"

"엄마처럼 장애를 가진 아이를 낳을 수도 있어."

앨리슨은 두려워하지 않았습니다. 그동안 자신이 해 온 일들이 다른 사람들에게는 엉뚱하고 불가능해 보이는 일이었지만 모두 꿋꿋하게 헤쳐 왔다는 것을 잘 알고 있었기 때문입니다.

아이를 가진 지 7개월쯤 되었을 때, 마크 퀸이라는 조각가에게서 연락이 왔습니다.

"저, 허락해 주신다면 당신의 몸을 조각상으로 만들고 싶습니다."

'임신한 여자의 몸을 조각상으로 만든다고? 그것도 나의 몸을? 사람들이 그런 조각상을 보려고 할까?'

앨리슨조차 고개를 갸우뚱거렸습니다.

오랜 작업 끝에 드디어 조각상이 완성되었어요. 완성된 〈임신한 앨리슨 래퍼〉는 영국의 트래펄가 광장에 전시되었습니다. 역사적으로 유명한 영웅들의 조각상이 전시되어 있는 곳이었지요. 조각상은 곧 유명해졌고, 전 세계 사람들이 앨리슨에게 관심을 쏟기 시작했습니다. 모두 장애에 굴하지 않는 앨리슨의 용기를 높이 평가했어요.

그러나 앨리슨은 사람들의 관심이 자신에게 쏠리는 것이 탐탁지 않았어요. 앨리슨이 원하는 것은 이 세상에서 장애에 대한 편

견이 사라지는 것뿐이었거든요. 사람들의 생각을 변화시키는 데
자신이 도움이 되었으면 하고요.

'그림을 그릴 수 없다, 일할 수 없다, 자동차를 운전할 수 없다,
아이를 낳을 수 없다.'

앨리슨은 수많은 반대를 겪었지만, 그 모든 일을 보란 듯이 해
냈습니다. 그림을 그리고, 사진을 찍고, 아이에게 젖을 물리고,
따뜻한 심장 소리를 들려주었지요. 다만 비장애인보다 좀 더 시
간이 걸리고, 좀 더 열심히 노력해야 했을 뿐입니다.

〈임신한 앨리슨 래퍼〉 조각상이 세상을 향해 묻습니다.

"장애는 감추고 부끄러워해야 하는 것인가요? 장애란 아무것
도 할 수 없다는 뜻인가요?"

《행복한 사회 공동체 학교》(휴먼어린이, 2008)

132

:: 생각 키우기

1 '앨리슨 래퍼'가 경험했던 사회적 편견과 어려움들을 정리해 보세요.

　1) 장애아라는 이유로 태어난 지 일주일 만에 가족과 헤어졌다.

　2)

　3)

2 아래 사진은 〈임신한 앨리슨 래퍼〉라는 동상입니다. 앨리슨 래퍼가 '살아
　있는 비너스'라고 불리게 된 이유를 모두 써 보세요.

　　1)

　　2)

　　3)

3 다음 사진을 보고 자신의 느낌을 솔직하게 적어 보세요.

그림을 그리고 있는 앨리슨 래퍼	
	나의 느낌 :

장애인 마라톤에 출전한 선수	
	나의 느낌 :

4 다음은 앨리슨 래퍼가 우리나라를 방문했을 때 했던 이야기입니다. 이와 관련하여 우리가 다니고 있는 학교에서 장애인을 위한 배려가 부족한 경우를 찾아보고 그것을 어떻게 바로잡을 수 있을지 생각해 보세요.

"한국엔 길거리에 턱이 많고, 장애인을 위한 배려가 부족해요. 그래서 길에서 장애인을 만나기가 어려운 것 같아요."

불편한 것들	어떻게 바꿔 볼까?
불쑥 튀어나온 계단	휠체어가 다닐 수 있는 경사로를 반드시 설치하고 10미 터 앞에다 장애인들이 알 수 있도록 표시를 해 둔다.

5 4번 내용을 바탕으로 장애인들의 불편한 점을 개선할 수 있게 교장 선생님 이나 교육청에 건의하는 글을 써 보세요.

내가 음성 다중을
좋아하는 이유

_ 외화 번역에 스며든 성차별 언어 관습

권혁범

더빙된 서양 영화를 볼 때마다 거슬리는 것은 외국어 억양을 흉내 낸 성우들의 어색한 목소리만이 아니다.

좋은 영화라면 초입에 인내심으로 버티다 보면 어느새 그 안으로 빠져 들어가게 마련이다. 그러나 부부간 대화가 나오는 장면에서 나는 항상 영화 밖으로 빠져나오게 된다. 왜? 부부가 나오는 장면의 대사를 되새겨 보자.

남편은 굵고 거드름 피우는 목소리로 아내에게 반말한다. 그렇다면 아내는? 남편에게 '코맹맹이' 소리로 깍듯한 존댓말을 구사한다. 내가 영화에 발을 들여놓던 1960년대나 21세기 초입이라는 요즘이나 이 점은 변화가 없다. 남편이 "응, 그럼 당신은 샌디를 학교에서 데려온 다음 어머니께 다녀오구려. 내 오늘은 일찍 돌아오겠소." 하면 아내는 "네, 제 걱정은 마시고 잘 다녀오세요. 전화 주세요. 사랑해요, 피이~터!" 자막이 들어가는 영화관의 외화도 사정은 마찬가지다.

적어도 영어권에서는 반말, 존댓말의 엄격한 구분이 없다. 물론 주종 관계에서 눈에 띄지 않게 이루어지는 미묘한 구분은 분명히 있지만 대부분의 사적 관계에서는 서로 똑같은 자격의 언어로 대화를 나눈다. 하물며 부부 관계에서 성별에 의한 반말, 존대어 구분이 이뤄지겠는가? 영화 속의 부부는 서로 평범한 반말을 주고받고 있다고 봐야 한다. 한국의 외화 번역자나 영화 관계자의 관습적 성차별 언어가 무의식적으로 번역 과정에 개입한 탓일까?

한국 부부들의 경우 남편이 아내에게 대부분 하대한다*. 조선 시대에도 없던 이 풍습은 불행하게도 '근대적'이다. 사석에서 반말을 주고받는 사이라도 공적인 자리에서는 아내가 남편에게 존대한다. 방송에 나와서 남편에게 반말하는 여성을 본 일이 있는가? 요즘 급격히 불어난, 연하의 남편을 둔 아내들은 다를까? 쓸데없이 자존심만 강한 남성일수록 아내의 반말을 싫어한다는 분석도 있다. 북한에서도 남자는 여자에게 '동무'라고 하지만 여자는 남자에게 '동지'라고 부르는 게 관습이다. 그 역은 불가능하다. 남이고 북이고 여전히 여남간의 가부장적인 관계가 문화적으로 요구되고 있다는 증거다.(연애 시절에 애인에게 존댓말 쓰던 남자가 하룻밤 자기가 무섭게 반말로 선회*하는 드라마 혹은 현실이 태반이다.) 한국의 사정이 어쨌든 간에 현재의 외화 번역은 서양의 문화

* 하대하다 | 상대편을 낮게 대우하다.
* 선회 | 둘레를 빙글빙글 돎. 여기서는 '행동이나 태도를 갑자기 바꾸는 것'.

를 왜곡하는 것이나 다름없다.

치열하게 싸워서 그들이 정착시킨 멀쩡한 성평등적 관계를 아무런 생각 없이 '주종'으로 둔갑시키는 번역은 성차별적 현실에 대한 무의식적 영합*일까? 부부간 대사를 반말로 바꿔 놓으면 아마도 한국의 관객이나 시청자에게는 매우 어색한 느낌을 줄 가능성이 높다. 그렇지만 그러한 느낌을 통해서 자신들의 언어 습관이 세계 보편적이지는 않다는 것을 깨닫지 않을까? 물론 머쓱해진 남자가 "저건 서양 풍습이야!" 하며 옆에 있는 여자의 얼굴을 힐끔 쳐다보겠지만 말이다.

《여성주의, 남자를 살리다》 (또하나의문화, 2006)

• 영합 | 사사로운 이익을 위하여 아첨하며 좇음. 서로 뜻이 맞음.

:: 생각 키우기

1 영어권에서는 반말과 존댓말의 엄격한 구분이 없음에도 더빙된 서양 영화에서 남편은 아내에게 반말을 아내는 남편에게 존댓말을 쓰는 이유를 바탕 글에서 찾아 말해 보세요.

2 다음에 제시된 것 중 여성이 할 일이라고 생각하는 것에는 ○, 남성의 일이라고 생각하는 것은 ☆, 남녀 공동의 일은 △ 표시를 해 보고, 각각 그 이유를 말해 보세요.

> 커피 타기, 군대, 세탁기 돌리기, 물걸레질, 아기 목욕 시키기, 바느질, 아이 낳기, 못질하기, 식사 준비, 손님 접대하기, 재떨이 비우기, 운전, 반장, 부반장, 자녀 준비물 챙겨 주기, 시장 보기, 방 청소, 화단에 물 주기, 옷 다리기, 데이트 비용 내기, 학생 회장, 음식물 쓰레기 버리기, 형광등 갈기, 세차.

• ○가 여성의 일이라고 생각한 이유 :

• ☆가 남성의 일이라고 생각한 이유 :

• △가 남녀 공동의 일이라고 생각한 이유 :

3 얼마 동안 남자 혹은 여자로 성을 바꿀 수 있다면, 어떤 일을 하고 싶은지 목록을 작성해 보고, 지금까지는 그것을 왜 못 했는지 이유를 적어 보세요.

하고 싶은 일	하지 못한 이유
여자가 된다면 치마를 입고 싶다.	치마는 여자 옷이라서

4 엄마가 직장에 다니고, 아빠가 집에서 집안일을 하는 것에 대해 어떻게 생각하는지 친구들과 토론해 보세요.

5 집안일에서부터 남녀 차별을 없애자는 뜻의 표어를 만들어 보세요.

가난으로 빚은 빵,
진흙 쿠키를 아시나요?

MBC 〈W〉 제작팀

"진흙 쿠키를 언제 먹어요?"

"하루 두 번 먹어요. 아침과 저녁으로요."

"진흙 쿠키를 먹으면 배가 부른가요?"

"네, 이거밖에 없으니 음식처럼 먹는 거죠."

언제부터인가 아이티 사람들의 주식이 되어 버린 진흙 쿠키. 가난으로 빚은 진흙 쿠키 속엔 아이티만의 슬픔이 들어 있다. 중남미 서인도제도에 위치한 아름다운 휴양지, 카리브 해 연안의 섬나라 아이티는 흑인 국가로서는 가장 먼저 주권을 얻은 세계 최초의 흑인 공화국이다. 그러나 오랜 내전은 자부심 넘치던 풍요의 땅을 송두리째 바꾸어 놓았다. 국민의 75%가 하루 2달러 이하로 살아가는 최빈국. 시장 곳곳에선 아이티만의 특별한 쿠키를 만날 수 있다.

"진흙 쿠키는 얼마인가요?"

"세 개에 1아이티 달러예요."

"다른 음식은요?"

"너무 비싸서 살 수가 없어요."

한 개에 한국 돈으로 약 42원짜리 진흙 쿠키는 가난의 상징이
되었다.

가난으로 빚은 빵

아이티 최대 빈민가 시테 솔레일, 가난한 이들이 먹는 진흙 쿠
키를 만드는 사람들 역시 빈민들이다. 〈W〉가 도착한 마을에선
쿠키 말리기가 한창이었다. 이 마을에만 진흙 쿠키 공장이 7개,
5시간쯤 햇볕에 잘 말린 쿠키는 시장에서 판매한다. 흙이 그대로
묻어나는 동그란 쿠키, 과연 어떻게 만든 걸까.

쿠키의 주재료는 흙과 물, 여기에 짭짤한 맛을 내는 소금을 넣
고 부드러움을 더해 주는 마가린을 첨가한다. 모든 재료가 들어
가면 이제 반죽이 시작된다. 손에 묻은 진흙을 다시 헹구어 넣는
것도 진흙 쿠키 공장에선 자연스러운 풍경이다. 돌멩이가 섞인
거친 반죽을 촘촘한 체에 걸러 내면 부드러운 진짜 쿠키 반죽이
된다. 이 반죽을 동그랗게 빚어 햇볕에 말리기만 하면 쿠키가 완
성된다.

"매일 이것을 만들어 팔아 가족과 함께 먹고삽니다. 우리도 이
걸 음식으로 먹기도 하고요."

쿠키 만드는 과정을 직접 보여 준 진흙 제빵사 하이신타의 말
이 끝나자마자, 갑자기 바깥이 소란스러워졌다. 취재를 중단하
라는 지역 관리자가 경찰들을 데리고 나타난 것이다.

"배고픔 때문에 진흙 쿠키를 먹는다고 말하지 말고, 임산부에게 좋고 아픈 사람에게 효과가 있어서 먹는다고 하시오."

"나는 배가 고파서 음식으로 먹습니다. 왜 말을 못 하게 합니까?"

"이 지역 책임자로서 경고하는데, 인터뷰를 하려면 나처럼 좋은 사람과 하시오."

하지만 배고픔이란 감추려 한다고 감출 수 있는 것이 아니다. 경찰과 관리자의 한바탕 소동 뒤에도 시테 솔레일 아이들이 변함없이 손에 쥐고 있는 것은 바싹 마른 진흙 쿠키였다. 한 개를 먹으면 세 시간쯤은 배고픔을 잊을 수 있다는 진흙 쿠키. 맛은 괜찮은 걸까. 조금 먹어 보았지만 뻑뻑해서 도저히 삼킬 수가 없었다. 아무 맛도 안 나는 흙덩이. 이것이 이들의 주식인 진흙 쿠키였다.

식량이 될 진흙을 채취하는 아이들

쿠키의 원료가 되는 흙은 주로 고원지대에서 채취한다. 손으로도 쉽게 부서지는 부드러운 흙은 땅속 깊은 곳에서 파낸다. 도자기의 원료인 이 흙이 바로 진흙 쿠키에도 쓰인다. 흙을 채취하기 위해 한 사람이 겨우 들어갈 수 있는 좁은 웅덩이를 판다. 웅덩이의 깊이는 무려 10미터. 아무런 도구도 없이 손으로 흙을 파내는 아이들은 학교라곤 다녀 본 적조차 없다. 이미 한 집안의 가장이 된 소년도 있었다.

손톱이 다 닳아 버린 두 손. 새벽 5시부터 한 끼도 먹지 못한 채 쉬지 않고 일하고 나면 직접 퍼 올린 흙으로 허기를 달랜다. 어른이 하루 100굴드*에서 150굴드(한국 돈 2700~4000원) 정도를 받는다고 하니, 아이의 일당은 더더욱 보잘것없는 수준. 아이들이 퍼서 잘게 부순 흙은 이제 시장으로 팔려 간다. 흙 한 자루의 가격은 한국 돈 4000원. 하지만 하루가 다르게 오르는 아이티의 곡물 가격과는 비할 바가 못 된다.

"아이티에서는 밀을 재배하지 않습니다. 전량 수입하죠. 그래서 국제적인 식량 위기가 아이티 가정에 직격탄을 날렸습니다. 빵을 비롯해 일용 식품의 가격에도 많은 영향을 미쳤고요."

아이티는 한국전쟁 때 많은 액수는 아니지만 현금을 지원했고, 불과 30년 전까지만 해도 3모작 농사로 식량을 자급하던 나라다. 그러나 세계화 바람을 타고 밀려든 값싼 수입 농산물에 경쟁력 없는 농사를 놓아 버린 것이 비극의 시작이었다.

하지만 최빈국이라고 해서 모든 국민에게 식량 위기가 찾아오는 것은 아니다. 인구 900만의 작은 섬나라 아이티에서조차 차마 삼킬 수 없는 뻑뻑한 진흙 쿠키의 맛을 전혀 모르는 사람들이 많았다. 해변에서 만난 아이티의 상류층 사람은 진흙 쿠키의 존재를 부인했다.

"진흙은 얼굴에 마사지하거나 피부를 곱게 만드는 데 쓰는 거죠."

"맞아요. 그런데 쿠키를 만들기도 하나요?"

144

"아닙니다. 그 사람들이 거짓말을 하는 거예요. 진흙 쿠키를 먹는다는 말은 사실이 아니에요."

굶주림과 질병 사이, 선택 아닌 선택

믿을 수 없지만 분명한 아이티의 참담한 현실. 정부의 입장은 무엇일까. 아이티의 보건국장은 진흙 쿠키가 건강에 직접 해를 끼친 사례는 지금까지 없었다며, 다만 보건국장으로서 사람들에게 이것을 먹으라고 권장하지 않을 따름이라고 했다. 하지만 권장하지 않아도 진흙 쿠키를 먹을 수밖에 없는 사람들은 여전히 많았다.

남편이 죽은 후 홀로 여덟 아이를 키우는 카올. 그녀에게는 요즘 큰 걱정거리가 생겼다. 얼마 전부터 한 살배기 막내의 배에 커다란 혹이 생긴 것이다. 막내뿐만이 아니라 아이들 모두 종종 복통과 설사에 시달리고 있다. 엄마 배 속에서부터 진흙 쿠키를 먹은 막내 우에냐. 허기와 통증으로 부쩍 울음이 많아진 아기는 진흙 쿠키 하나에 울음을 그친다. 하지만 배고픔을 잊을 때쯤이면 어김없이 통증과 설사, 그리고 고열이 찾아온다. 아이를 데리고 병원에 가 보기로 했다. 진찰 결과 아이의 볼록한 배는 탈장* 때문이었다. 배 속에선 기생충이 발견됐고, 복부는 이미 감염이

• 굴드 | 아이티 화폐.
• 탈장 | 장기의 일부가 원래 있어야 할 장소에 벗어난 상태.

진행된 상태였다.

"병원에 진흙 쿠키를 가져오진 않지만 증상을 보면 그것 때문이라는 것을 알 수 있어요. 배 속에 기생충 알과 벌레 등 여러 문제가 있습니다. 진흙 쿠키를 먹지 말아야 합니다."

의사는 강경한 어조로 말했다.

"의사가 진흙 쿠키를 먹이지 말라는데 어떻게 하실 건가요?"

"다른 것은 줄 게 없으니 계속 먹일 수밖에요……."

가난한 엄마가 아이들에게 줄 수 있는 건 오늘도 진흙 쿠키뿐이었다.

세계화의 미명과 식량 위기

굶주림과 질병 사이의 선택, 그것은 이미 선택의 문제가 아니다. 최빈국 아이티에도 맛있는 음식들은 분명히 있었다. 하지만 시테 솔레일 아이들 대부분은 진짜 케이크, 진짜 쿠키를 아직 한 번도 먹어 보지 못했다. 같은 나라에서조차 서로 상상하지 못하는 다른 종류의 음식, 이는 비단 아이티의 진흙 쿠키 이야기만은 아니다.

최근 전 세계에 닥친 식량 위기. 지난 2년 사이 국제 밀 가격은 3배, 옥수수 가격은 2.5배가 올랐다. 국제 식량 위기의 원인은 인도, 중국 등 거대 시장의 수요 확대와 곡물을 재료로 하는 바이오 연료의 생산이 늘어났기 때문이다. 코코넛과 야자수로 바이오 연료를 만들어 비행기를 띄우는 나라와 흙을 먹을 수밖에 없

는 나라. 이처럼 세계화의 미명 속에서 빈부의 간극은 점점 벌어
지고 있다.

《세계를 보는 창 W》(삼성출판사, 2008)

:: 생각 키우기

1 진흙 쿠키를 만드는 재료는 무엇인가요? 그것을 먹어 본 글쓴이는 어떤 느
  낌이라고 했나요?

2 아이티 사람들이 진흙 쿠키를 먹을 수밖에 없는 이유는 무엇인가요?

3 우리나라도 일제강점기나 한국전쟁 때는 대부분의 국민들이 절대적 빈곤
  상태에 처해 있었습니다. 그 당시에 우리의 할아버지, 할머니들은 어떤 음
  식을 먹었는지 조사해 보세요.

4 다음은 국내의 한 국제구호개발기구에서 진행하는 운동을 소개한 것입니
  다. 우리가 아이티 친구들에게 '희망의 선물'을 한다면 어떤 것을 할지 생각
  해 보고 그 이유도 적어 보세요.

  희망의 선물 캠페인 | '희망의 선물'은 전 세계의 어려운 가정과 아이들에게 기적과 같
  은 희망과 기쁨을 가져다줍니다.

148

선물 종류	
	**1) 닭** 후원자님들이 선물하는 알을 낳을 수 있는 암탉은 영양 공급이 불충분한 아이들에게는 영양 만점의 식단을, 달걀을 판매함으로써 생기는 수입으로 한 가정의 경제를 살리는 데에 일조를 하게 됩니다.
	**2) 초등학교 1학년 교과서** 라오스 세폰 지역으로 보내지는 교과서는 지역의 문맹률을 낮추기 위한 아동들의 언어교육용으로 사용됩니다. 교육을 통해 즐겁게 책을 읽는 어린이들의 모습을 그려 보면 뜻깊은 후원이 될 것입니다.
	**3) 모기장** 해마다 백만 명 이상의 어린이들이 말라리아로 생명을 잃으며 수백만의 어린이들이 열병의 고통을 받고 있습니다. 모기장을 설치하는 것만으로 말라리아와 뎅기열 필라리아 병을 상당 부분 예방할 수 있습니다.

희망의 선물	보내고 싶은 이유

5 다음 사진을 참고하여 아이티 어린이들을 위한 모금 운동 홍보문을 만들어
   보세요.

예시	
홍보문	

최저임금은 받고 일해야 한다

청소년노동인권네트워크

알쏭이　월급이 적어도 그건 그 사람이 실력이 부족한 거니까 어쩔 수 없는 거 아닐까?

달쏭이　그래도 어느 정도는 받아야 사람들이 먹고살 수 있지 않을까?

알쏭이　그러면 누가 사업을 하려고 하겠어? 월급이 너무 적어서 노동자들이 취업을 안 하면, 자연히 월급을 올리겠지. 그렇게 선택에 맡겨 두어야지 법으로 사업에 간섭을 하는 건 좋지 않다고 생각해.

달쏭이　하지만 당장 생활이 어려운 사람들은 월급이 적어도 일을 하려 할 거고, 그러다 보면 계속 월급은 더 낮아질지도 몰라. 사람들도 너무 힘들게 살아야 하구.

임금의 의미

알쏭이와 달쏭이가 나눈 대화를 보면, '임금(월급, 급여)'을 시장에 그냥 맡겨 두자는 의견과 시장에만 맡겨 두어서는 안 되고 최저선을 법으로 정해 노동자의 생존권을 보장해야 한다는 의견이 대립하고 있습니다. 어느 의견이 과연 옳은 것일까요? 이 질문에 대한 답을 구하기 위해서는 기본적으로 임금의 의미가 무엇인지를 정확하게 이해할 필요가 있습니다.

임금은 노동자가 '노동력'을 제공하고 받는 돈을 말합니다. 노동자가 다음 날, 다음 해에도 꾸준히 일할 수 있으려면, 먹고 쉬고 자고 새로운 지식이나 능력을 습득할 수 있어야 합니다. 또 나이 들고 병든 부모님이나 어린 자녀와 이들을 보살피는 또 다른 가족 구성원 등, 가족들도 건강하고 인간다운 생활을 누릴 수 있도록 지원해야 합니다. 이렇게 노동자가 노동력을 회복하는 데 필요한 비용과 가족을 돌보기 위해 필요한 비용을 합한 것이 바로 임금입니다.

노동자는 노동력을 제공한 대가로 받는 임금 이외에는 다른 생계 수단이 없는 경우가 대부분입니다. 평생 먹고 놀 만큼의 유산을 물려받았거나 우연히 엄청난 상금의 복권에 당첨된 사람들은 사업을 시작해 노동자를 고용하거나 땅이나 건물을 사들여 쉽게 돈을 법니다. 반면 다른 생계 수단이 없는 노동자는 가족 친지들의 도움으로 몇 달 몇 년을 버틴다고 해도, 일자리를 구해 임금을 받지 않는다면 생계를 꾸려 나가기 어려워질 것입니다. 게다가 우리나라는 복지 제도도 제대로 갖추어져 있지 않아 일을 해서 가족들을 부양해야 하는 책임은 대부분 노동자 개인에게만 맡겨져 있습니다.

그런데도 임금이 턱없이 낮다면 노동자들이 자기 몸을 돌보면서 건강하게 생활하고 일할 수가 없게 될 것이고, 가족들도 생존을 위협받게 될 것입니다. 이런 일을 방치하는 것은 사회에도 크나큰 손실을 가져다줍니다. 저임금에 시달리다 죽거나 병이 드는 노동자들이 늘어나면 생산도 계속될 수 없고, 결국 세상도 멈추게 될 테니까 말이지요. 그러므로 기본적인 생활을 영위할 수 있을 만큼의 임금을 보장해 주는 것은 노동자와 사회의 생존이 달린 중요한 문제입니다. 그래서 국가에서도 임금 체불을 단속하고, 최저임금을 정하고, 휴업 수당을 지급하도록 함으로써 노동자들의 기본 생활을 보장하고자 하는 것입니다.

'최저임금제도'란 사용자가 "최소한 이 정도의 임금은 주고 일을 시켜야 한다."고 법으로 정하는 제도를 말합니다. 최저임금심의위원회는 매해 물가 인상 등을 고려해 최저임금 수준을 새롭게 정하고 있습니다. 최저임금을 정해 두어야 저임금 노동자들도 최소한의 생활을 보장받을 수 있고, 산업 간·직종 간의 임금 격차나 노동 소득 불평등을 완화할 수 있습니다. 만약 사용자가 (특별수당이나 상여금*을 제외하고) 매달 정기적으로 지급되는 임금을 최저임금보다 낮게 줄 경우에는 3년 이하의 징역이나 1천만 원 이하의 벌금을 물게 됩니다.

• 상여금 | 회사에서 직원에게 정기 급여와는 별도로 업적이나 공헌도에 따라 주는 돈.

아르바이트생도 최저임금을 받을 수 있을까?

최저임금제도는 모든 사업, 모든 노동자에게 적용되어야 합니다. 한 달만 일하는 경우에도, 하루 중 몇 시간만 아르바이트를 뛰는 경우에도, 외국인 이주 노동자도 최저임금 이상을 받을 수 있도록 되어 있다는 이야기이지요.

그런데 현재의 최저임금제도는 광범위한 예외 조항을 두고 있기 때문에, 최저임금조차도 받지 못하는 노동자들을 만들어 내고 있습니다. '최저임금'은 그야말로 더 이상 낮춰져서는 안 될 임금의 최저선을 가리키는 것인데, 그것보다 적게 줘도 된다고 아예 법으로 허용하고 있는 셈입니다. 예를 들어 현 제도 아래에서 장애를 가진 노동자에게는 최저임금이 적용되지 않습니다. 수습*을 시작한 지 3개월이 지나지 않은 노동자들도 최저임금보다 적은 임금을 받아도 호소할 길이 없습니다. 모든 노동자에게 최소한의 생활을 보장하기 위해 마련된 최저임금제도가 장애가 있다는 이유로 장애인 노동자를 적용에서 제외하고, 수습이라는 이유로 더 적은 임금을 줘도 되게끔 허용하는 것은 모순이 아닐까요? 장애인 노동자도, 수습 노동자도 당연히 기본 생활을 누릴 수 있어야 하니까 말이지요.

청소년의 경우에도 2005년 8월 31일까지 최저임금을 전액 보장받지는 못했습니다. 만 18세가 되지 않은 청소년 노동자는 성인들과 같은 일을 하더라도 일을 시작한 지 6개월이 지나기 전까지는 최저임금의 90%만 줘도 된다고 법에 정해져 있었거든요.

나이에 상관없이 기본 생활이 가능한 임금을 받을 수 있어야 하는데도, 단지 나이가 어리다는 이유로 청소년에게 최저임금조차 주지 않는 것은 옳지 않은 일입니다. 이런 비판이 계속 이어지자, 2005년 5월 최저임금법이 바뀌었습니다. 그 결과, 2005년 9월 1일부터는 청소년도 성인과 똑같이 최저임금을 전액 받을 수 있게 되었답니다.

턱없이 낮은 최저임금

더구나 그동안 정해져 온 최저임금은 형편없이 낮은 수준이어서 '있으나 마나 한 제도'라는 평가를 받아 왔습니다. 앞서 얘기한 대로 최저임금제도는 저임금 노동자를 보호하고 임금 격차를 줄이기 위해 있는 것입니다. 이런 취지를 살리기 위해서는 당연히 최저임금 수준이 어느 정도는 되어야 할 것입니다. 만약 최저임금이 노동자들이 도저히 먹고살기 힘들 만큼의 돈으로 정해진다면 굳이 최저임금제도를 둘 필요가 없을 테니까 말이지요.

그런데도 지금까지의 최저임금은 애초의 취지가 무색할 만큼 턱없이 낮은 수준으로 정해져 왔습니다. 1997년 IMF 구제금융 직후 한 달 최저임금은 고작 30만 원 수준이었고, 최근 몇 년간 최저임금이 과거에 비해 많이 인상되었다고는 해도 기본 생활을 보장하기에는 역부족입니다.

• 수습 | 학업이나 실무 따위를 배워 익힘. 또는 그런 일.

2004년 3명이 사는 가구가 한 달에 쓴 평균 지출액은 210만 원 정도였습니다. 그럼 같은 해 상반기에 적용된 한 달 최저임금은 과연 얼마였을까요? 고작 56만 7260원에 불과했습니다. 반찬 값도 안 되는 이 돈을 받고 가족의 생계를 책임져야 할 노동자들이 과연 제대로 생활을 꾸려 나갈 수 있었을까요? 2005년 9월부터 2006년 말까지 적용되는 최저임금은 시간당 3100원, 한 달 월급은 각각 70만 600원(월 226시간 일할 경우)과 64만 7900원(월 209시간 일할 경우)으로 정해졌습니다. 전해보다 약간 최저임금이 올랐다고는 하지만, 월 평균 지출액의 절반에도 못 미치는 턱없이 낮은 금액입니다. 이 돈으로 생활을 꾸려 나가기에는 너무나 고단하겠지요. 하루 빨리 최저임금이 생활을 충분히 유지할 수 있을 만큼 올라야 할 것입니다.

최저임금은 말 그대로 최소한 이 정도는 보장해야 한다는 뜻에서 정하는 것입니다. 그런데 현실적으로는 최저임금이 임금인상의 상한선으로 작용하는 일들도 많습니다. '최소한 이 정도는 받아야 한다'가 '이 정도 이상은 어림없다'는 식으로 둔갑해 버린 것이지요. 우리가 매일 타고 다니는 지하철은 역사와 화장실, 차량 등을 청소하는 노동자들의 노력으로 깨끗하게 유지되고 있습니다. 그런데 이 노동자들의 대부분은 겨우 최저임금만 받으며 하루 종일 일을 하고 있습니다. 청소 노동자들이 월급을 올려 달라고 아무리 얘기해도 사용자는 최저임금 이상은 줄 수 없다며 버티고 있습니다. 그러니 최저임금이 현실에 맞게 상향

조정되어야 청소 노동자들의 고충을 조금이라도 덜어 줄 수 있겠지요.

심지어 법망을 피해 최저임금조차 주지 않은 채 더 낮은 임금으로 일을 시키는 사업장도 많은 만큼, 정부의 철저한 감독이 뒤따라야 합니다.

《똑똑, 노동인권교육 하실래요?》(사람생각, 2005)

1 최저임금제를 실시해야 하는 이유는 무엇이라고 했나요?

2 우리나라에서 시행되고 있는 최저임금제의 문제점이 무엇인지 정리해 보세요.

3 우리 사회에서 최저임금을 받지 못하는 분야에 종사하는 노동자들은 어떤 사람들이 있는지 찾아보세요.

4 최저임금심의위원회가 정한 2012년 최저임금은 시간급 4580원입니다. 우리가 평소 생활에 필요한 활동을 하거나 물품을 사기 위한 비용을 최저임금을 기준으로 환산해 보세요.

항목	비용	최저임금으로 환산한 노동시간
교복 한 벌	20만 원	43시간 40분
영화 한 편	9000원	
운동화 한 켤레		
라면 한 그릇		
핸드폰 요금		
PC방 한 시간		
햄버거 세트		

5 최저임금을 받지 못한 채 아르바이트를 하고 있는 학생이라 가정하고 고용노동부 홈페이지에 올릴, 정당한 임금을 받을 권리를 주장하는 글을 써 보세요.

그날, 박태환과 장미란이
사회를 본 사연

정희준

2008년 12월 8일 대한체육회는 충북 진천에서 '국가 대표 종합 훈련원' 기공식을 가졌다. 현재의 태릉 선수촌이 낡고 포화 상태에 이르러 제2선수촌을 짓게 된 것이다. 체육계의 오랜 숙원 사업이었는데, 그 첫 삽을 뜬다니 기쁜 소식임에 분명하다.

그런데 고개를 갸우뚱하게 만드는 기사가 등장했다. 기공식 사회자로 장미란과 박태환을 불렀는데 본인들이 고사*했음에도 결국 '주변'의 권유로 사회를 보게 됐다는 것이다. 장미란은 기공식 당일 동료들과 뉴질랜드로 전지훈련을 떠나는 데 차질이 생길 것 같아 "전문 사회자도 아닌 우리가 왜 사회를 봐야 하나"면서 동료들과 함께 떠나겠다고 버텼는데, 체육회가 장미란을 따로 불러 설득했다고 한다.

박태환의 경우는 좀 더 눈길을 끈다. 그는 당일 기말고사를 치르기로 돼 있어 사회 보는 것을 거절했다가 역시 '주변'의 권유로 입장을 바꿨다고 한다. 그의 아버지에 따르면 박태환도 다른 사람이 사회를 보길 원했지만 결국 참석하는 쪽으로 마음을 바꿨다고 말했단다. 시험에 관해서 아버지는 "학교 측에 적당한 조치를 취해 났다"고 말했는데 그것이 재시험인지 리포트 제출인지에 대해서는 언급을 피했다고 한다. 선수촌 기공식이 아무리 대단한 행사라 해도 시합도 아니고 훈련도 아닌데 사회를 보게 하기 위해 시험을 봐야 하는 박태환까지 불러낸 것은 분명 심각한 문제라 해야 할 것이다.

2000년 시드니 올림픽을 앞두고 벌어졌던 '장희진 파동'이 생각난다. 8년이나 지났건만 한국 스포츠는 바뀐 게 없다. 당시 수영 국가 대표로 선발된 열네 살 중학생 장희진은 태릉 선수촌에 입촌하지 않고 학교를 다니면서 훈련에 참가하려 했는데, 이를 괘씸하게 여긴 대한수영연맹은 그의 국가 대표 자격을 박탈한 것이다. 올림픽 개막식은 9월 15일이니까 아직 몇 달의 시간이 남았고, 태릉의 모든 훈련에 참여할 테니 1학기 기말고사 때까지라도 학교 수업을 들을 수 있게 해 달라고 했지만, 선수촌과 연맹은 장희진의 요청을 묵살했다. 그리고 아예 제명시킴으로써 보복했다.

결국 여론이 들고일어나면서 우여곡절 끝에 올림픽에 출전하긴 했지만, 그는 올림픽 다음 해에 학업을 병행할 수 없는 한국에서의 운동을 포기하고 미국으로 건너갔다. 4년 전액 장학금을 받고 명문 텍사스대 오스틴 캠퍼스에서 경영학과 정치학을 전

• 고사 | 제의나 권유 따위를 굳이 사양함.

공하는 그는 이번 베이징 올림픽에 한국 대표로 출전해 자유형 50미터에서 결승 진출에는 실패했지만 한국 신기록을 세우며 출전 선수 90명 중 31위에 올랐다.

앞으로 로스쿨에 진학해 변호사가 되는 게 목표라는 그는 한 인터뷰에서 "태릉 선수촌은 어린 학생의 미래를 염두에 둘 만큼 포용력과 융통성을 가진 곳이 아니다."라고 말했다. 그것은 사실이다. 아니, 부족하다. 실상을 표현하기에는 한참 부족하단 말이다. 장희진 파동 당시 한 체육계 인사는 국가를 위해 개인은 희생할 수도 있다고 말했다. 그깟 올림픽 성적을 위해 열네 살 소녀의 미래를 포기하라고?

학생이 시험을 포기하고 사회를 보러 불려 나가는 안타까운 상황과 대비되는 사건이 있다. 미국 대학 미식축구 최강인 플로리다주립대(FSU : Florida State University)의 주전 세이프티(최종 수비수) 마이런 롤은 FSU 역대 최고의 '디펜시브 백(세이프티를 포함해 상대 팀의 공격을 저지하는 후방 수비수들)'으로 내년 프로 미식축구리그(NFL : National Football League) 드래프트에서 1라운드 선발이 보장된 선수다.

놀라운 것은 그가 신경외과 의사를 꿈꾸는 의예과(pre med) 학생으로 평균 학점 3.75로 2년 반 만에 대학을 졸업할 예정일 뿐아니라 지역사회에서 봉사 활동도 많이 하면서 수많은 상을 받았다는 점이다. 그의 코치 중 한 명은 그가 공부를 너무 열심히 (?) 한다는 불평 아닌 불평을 할 정도였다. (사실 운동도 잘하고 공부도 잘하는 외국의 학생 선수 이야기, 별로 놀랍지 않을 수도 있겠다.)

더 놀라운 것은 그가 세계에서 가장 역사가 깊고 권위 있는 장학재단인 로즈(Rhodes) 장학재단 장학생에 지원한 것이다. 매년 미국 최고의 엘리트 대학생 1000여 명이 로즈 장학생으로 지원하는데, 이 가운데 32명만이 선발되는 영광을 누린다. 로즈 장학생에 선발되면 영국 옥스퍼드대에서 2~3년간 유학할 수 있는 혜택을 누리는데, 여기에 몇 명이 선발되느냐에 따라 대학의 평판과 후원금 규모가 달라질 정도로 상징성과 영향력이 큰 장학금이다. 클린턴 전 미국 대통령, 블레어 전 영국 총리, 호크 전 호주 총리와 이번에 UN 대사로 지명받은 미국의 수전 라이스 같은 이들이 로즈 장학생이었다. (외국에서 운동선수가 공부 잘해서 장학금 신청하는 것 역시 별로 놀랍지 않을 수 있겠다. 뭐 흔히 보는 일 아니겠는가.)

정말 놀라운 것은 이제부터다. 마이런 롤은 로즈 장학생 선발의 길고 긴 과정을 거쳐 마침내 최종 후보자 명단에 올랐고, 마지막 관문인 선발 위원회와의 인터뷰만 남겨 놓게 된다. 장소는 앨라배마 주 버밍햄 시. 일시는 지난 11월 22일 오후. 그런데 여기서부터 문제가 발생했다.

롤이 인터뷰를 해야 할 22일 오후는 소속 팀인 FSU가 메릴랜드 대학과 원정 경기를 치러야 할 시간이었다. 메릴랜드대 정도면 예년 같으면 쉽게 이길 팀이겠지만 올해 메릴랜드의 전력이 만만치 않고, 또 시즌 초 부진했던 FSU가 소속 컨퍼런스인 ACC

의 챔피언 결정전에 나가려면 꼭 이겨야 하는 경기였다. 그런데 팀 내 최고의 수비수인 롤이 그 시간 1200킬로미터 떨어진 곳에서 인터뷰를 해야 하는 것이다.

팀이 과연 그가 경기에 결장하는 것을 용납한 것인가. 그것도 챔피언 결정전 진출이 걸린 경기인데. 그것도 절박한 원정 경기인데. 그것도 방송사 ESPN이 전국에 생중계할 경기인데.

미국의 대학 스포츠는 그 인기와 규모가 워낙 대단해서 TV 중계권료만 일 년에 수백억 원에 이르고 감독 연봉이 십억 원을 넘나든다. 미식축구 팀, 농구 팀의 한 해 성적에 따라 다음 해 신입생 경쟁률이 달라지고 동문 후원금이 널뛰기를 한다. 이러한 마당에 학교와 감독은 팀 내 최고 수비수가 그깟(?) 장학금을 신청했다고 해서 그의 결장을 허락할 것인가.

그러나 결론은 간단했다. 우선 FSU 미식축구 팀 감독인 바비 보든은 "나는 더 이상 자랑스러울 수가 없다. 이건 머리 쓸 것 없는 간단한 일"이라면서 "나는 공부가 먼저라는 걸 안다. 오직 그가 장학금을 받길 바랄 뿐이다."라고 말했다. 그의 결장을 당연시한 것이다.

로즈 장학생 선발 인터뷰와 경기 출전이라는 고민에 놓인 롤의 처지가 미국 사회에서 관심사로 떠오르게 되자 이번엔 미국 대학체육연맹(NCAA : National Collegiate Athletic Association)과 경기를 중계할 방송사 ESPN(Entertainment and Sports Programming Network)이 동참했다. ESPN은 원래 FSU와 메릴랜드 간의 경기를 오후에 중계하기로 했었지만 그가 인터뷰 후 경기에 출전할 수 있도록 경기 시간을 저녁 7시 반으로 옮기는 것에 NCAA와 합의한 것이다. ESPN 입장에선 쉽지 않은 결정이었다. 학생 한 사람의 장학생 지원 면접을 위해 최고 황금 시간대인 주말 저녁을 내준 것이다.

거기서 문제가 끝나는 게 아니었다. 경기는 저녁 7시 반에 시작하고 인터뷰는 오후 5시경에 끝나게 되어 있으니 계산상으로는 비행기를 타고 오면 경기 중에라도 경기장에 도착할 수 있지만 정규 항공편 중엔 그 시간에 비행기가 없었다. 결국 학교 측이 롤을 위해 전세기나 대학 후원자의 자가용 비행기를 띄우기로 했다. 그런데 이는 또 NCAA 규정 위반이었다. 학교는 학생 선수에게 그 어떤 혜택도 줄 수 없기 때문이다. 그래서 FSU의 체육부 디렉터 랜디 스팟맨은 NCAA에 롤의 경우만큼은 예외로 해 달라는 청원서를 올려 끝내 허락을 받았다.

이렇게 해서 롤은 22일 오후 로즈 장학생 선발 인터뷰를 마치고 바로 공항으로 이동해 비행기를 타고 메릴랜드에 도착해 메릴랜드 주 경찰이 흔쾌히 제공한 경찰차를 타고 2쿼터 경기 중인 경기장에 입장할 수 있었다. 그토록 바라던 로즈 장학생에 선발되었다는 소식과 함께.

학생 선수의 미래를 위해 경기 불참을 당연시한 감독, 인터뷰 후 경기 출전을 위해 학생에게 전세기까지 제공하는 학교, 학생 선수의 고민을 해결해 주기 위해 중계 시간을 바꾼 방송사, 이 모든 사정을 파악하고 선수의 입장에서 청원을 받아들인 NCAA, 적군(?)이지만 경찰차까지 제공하며 롤의 경기 출전을 도운 메릴랜드 경찰……. 보름 전 미국 대학 스포츠는 이렇게 돌아갔다. 그리고 스물두 살 대학생 마이런 롤은 자신의 꿈을 이뤘다.

롤의 이야기가 많은 미국의 학생 선수들에게 꿈과 희망을 주던 그때, 국내에 전해진 또 다른 소식은 한국 스포츠의 암담한 현실을 다시금 느끼게 해 줬다. 고교와 대학 시절 농구 선수를 했던 오바마 미국 대통령 당선자가 행정부와 백악관 요직에 역시 고교와 대학 시절 농구 선수로 활약했던 인물들을 다수 지명했다는 것이다. 에릭 홀더 법무 장관 지명자, 수전 라이스 주(駐)유엔 대사 지명자, 제임스 존스 백악관 국가 안보 보좌관 지명자 등이 모두 학창 시절 농구 선수였다고 한다. 여기에 고교 농구 선수 출신인 폴 볼커 백악관 경제회복자문위원장 지명자까지 가세하면, 가드·포워드·센터를 모두 갖춘 농구 팀이 결성된다니 신기하기도 하면서 부럽기도 했다. 하긴 부시 전 대통령도 예일 대에서 야구 선수를 했으니 별날 것도 없다.

이런 건 미국만의 이야기도 아니다. 한국만 그렇지 않을 뿐이다. 아소 다로 일본 총리는 올림픽 사격 선수였고, 태국의 푸미폰 국왕은 동남아시아 게임 요트 금메달리스트다. 모나코의 국왕 알베르 2세는 동계 올림픽 5회 출전자다. 푸틴 총리는 상트페테르부르크 시 유도 챔피언이었고, 나우루공화국의 마루쿠스 스테픈 대통령은 자국의 유도 영웅으로 유일한 세계 선수권 대회 메달리스트다. 모랄레스 볼리비아 대통령과 오딩가 케냐 총리는 축구 선수였다고 한다.

이제 살 만한 나라는 어디든 스포츠 천국이다. 스포츠에는 감동이 있고 희망이 있고 꿈이 있다. 그런데 한국 스포츠엔 꿈이 없다. '금메달 몇 개'라는 경기 단체의 '목표'는 있을지언정 선수들에게 꿈은 없다.

외국은 운동 못하면 왕따 되는데 우리나라는 운동하면 왕따 된다. 맞는 건 기본이다. 무시무시하게 맞는다. 초등학교 여학생이 50대 맞는 나라다. 수업 안 들어가고 시험 우습게 보고, 초등학생 때부터 합숙을 하니 친구도 없고 세상도 모른다. 오죽하면 학생 선수들의 존재 이유는 일반 학생들을 위해 '내신 깔아주기'란 말이 나왔을까.

운동하면 바보 된다는 말은 우리나라에만 있다. 운동선수는 무식하다는 편견, 한국 스포츠의 전매특허다. 우리나라 체육계가 학생 선수들에게 공부시키기까지는 바라지 않지만 시험을 봐야 하는 학생까지 엉뚱한 일로 부르지만 않았으면 좋겠다.

《어퍼컷 - 신성불가침의 한국 스포츠에 날리는 한 방》(미지북스, 2009)

:: 생각 키우기

1 박태환 선수와 장미란 선수가 사회를 본 이유와 글쓴이가 그것을 문제 삼은 까닭을 찾아보세요.

2 장희진 선수와 마이런 롤의 상황을 비교하여 정리해 보세요.

	장희진	마이런 롤
처한 상황		
주변의 태도		
상황의 마무리		
위에서처럼 마무리가 된 이유		

3 만약 여러분이 박태환, 장미란 선수와 같은 입장에 처했다면 어떻게 행동했을까요? 그 이유도 말해 보세요.

4 바탕글과 다음 글을 참고하여 운동선수로 뛰고 있는 학생들에게 정부와 학
교는 어떤 지원을 해 줘야 한다고 생각하는지 서로 의견을 나눠 보세요.

2008년 연세대 스포츠레저학과에서는 금메달리스트 84명을 대상으로 설
문조사를 실시했다. 선수 시절, 은퇴 이후에 대한 준비를 한 적이 있냐는 질
문에 '준비가 미비했다'고 답한 사람이 61.4%였으며, '준비를 빠짐없이 잘
했다'고 답한 사람은 24.3%였다.

준비가 미비했다고 답한 사람들에게 다시 사회 적응 과정에 대한 두려움
은 없었는지에 대해 물었더니, '두려움이 있었다'고 답한 사람은 47.2%였으
며 '두려움이 없었다'고 답한 사람은 24.2%였다.

은퇴 선수의 직업 분포를 살펴보면 스포츠계에 종사하는 사람은 55%, 비
스포츠계에 종사하는 사람은 45%이며, 좀 더 자세한 직업 분류를 살펴보면
지도자 32%, 전업주부 23%, 교수 및 강사 17%, 자영업자 11%, 샐러리맨
10%, 기타 7%로 나타났다.

은퇴 후의 삶에 대해 교육을 받은 적이 있냐는 질문에 96%에 해당하는
사람들이 '없다'라고 답했으며 4%만이 은퇴 후의 삶에 대해 교육을 받은
적이 '있다'고 답했다.

마지막으로 은퇴 후의 삶을 위한 제도적 지원의 필요성 여부에 대해서도
96%의 사람들이 '있다'고 이야기한 것으로 나타났다.

5 '국가 또는 단체를 위해서 개인을 희생해야 한다'는 말에 대해 찬반 토론을
한 뒤, 자신의 입장을 정리해 보세요.

4부

우리가
지켜야 할
지구

채식주의자의 이야기

조상우

온전하고 생기 있는 삶을 위하여

많은 사람들은 채식주의에 대해 오해하고 있다. 채식주의(vegetarianism)의 어원은 채소(vegetable)가 아니라 라틴어 'vegetus'로 '온전한', '생기 있는'이란 의미를 가진다. 즉, 채식주의자란 온전한, 생기 있는 삶을 추구하는 사람들이고, 이들이 고기를 먹지 않는 식생활을 하기에 채식주의자(菜食主義者)란 말로 풀이된 것이다.

채식주의자들은 에스키모나 사막지대의 유목민들에게 채식만 하라고는 말하지 않는다. 자신에게 주어진 환경 내에서 다른 생명들을 가장 존중할 수 있는 음식을 권한다. 내 생명의 소중함을 알기에 다른 사람의 생명의 소중함도 아는 것이고, 동물의 생명도 소중함을 아는 것이다. 사람들은 흔히 식물의 생명도 소중한 게 아니냐고 말한다. 나는 당연히 식물의 생명도 소중하며, 식물뿐 아니라 물과 공기, 흙 등 세상의 모든 존재들이 다 소중하다고 말한다. 그들이 있기에 나는 물론 우리가 생명을 유지할 수 있기 때문이다. 누구에게나 다른 생명보다 자신의 생명이 중요한 것이다. 그러기에 다른 사람을 구하기 위해 자신의 목숨을 바치는 것을 우리는 숭고하다고 하는 것이다.

소중한 자신의 생명을 유지시키기 위해 우리는 어쩔 수 없이 다른 생명체에 의지할 수밖에 없는 연약한 존재다. 그러면 우리는 어떤 생명체에 의지하여 우리의 생명을 유지해야 할까?

어느 학자의 발표에 의하면 대부분의 동물들은 가능한 한 자신과 진화상 유연관계*가 먼 생물을 먹이로 삼는다고 한다. 또 그런 동물일수록 장수한다고 한다. 신체 구조상 사람은 채식에 적합한 치아 구조와 긴 대장을 가졌고, 침에는 육식동물에는 없는 프티알린이라는 녹말을 소화시키는 효소가 있으며, 초식동물과 같은 담즙* 분비와 혈액 중 간 단백질의 비율, 물 마시는 방법, 땀의 분비 등 육식보다는 초식동물의 특징을 갖는다고 한다.

육식 문화는 우리의 자연스러운 본성과는 어울리지 않는 왜곡된 문화를 통해 학습된 산물이다. 인도의 최상위 계층인 브라만은 육식을, 먹을 게 없어 아무것이나 먹는 천박한 사람들의 음식이라고 한다. 그러나 미국식 문화를 받아들인 우리는 일본과 마찬가지로 고기를 많이 먹어야 미국 같은 선진국이 되고, 고기를 먹어야 힘을 쓸 수 있다고 믿고 있다. 육식 문화는 또한 실제 주영양 공급원이 식물임에도 불구하고 수렵을 통해 특별한 음식인

• 유연관계 | 생물의 분류에서, 발생 계통 가운데 어느 정도 가까운가를 나타내는 관계.
• 담즙 | 쓸개즙.

고기를 얻어 힘을 과시했던 남성들에 의해 주도된 남성 우월주의의 산물이기도 하다.

무엇을 먹을 것이냐에 대해 우리는 분명 선택할 권리가 있으며, 선택할 수 있는 다양한 음식들이 널려 있다. 그러나 선택에 앞서서 우리는 우리가 먹어야 할 음식들이 어떻게 만들어지는지에 대해 알 권리를 또한 가지고 있다.

육식 문화, 채식 문화

대량 소비에 맞춘 공장식 대량생산 체제에서 사육동물은 더 이상 생명체가 아닌 상품일 뿐이다. 스트레스로 질병에 걸리는 것을 막기 위해 항생제로 범벅이 된 사료를 먹는 것으로도 부족해, 평생 자신의 배설물도 피할 수 없을 정도의 비좁은 공간에서 알을 더 낳게 하기 위해, 우유를 더 생산하게 하기 위해, 고기를 더 빨리 생산하기 위해 호르몬 주사를 맞고, 부리가 잘리거나 거세되는 상품이다. 이런 불량 상품을 먹으니 우리 몸도 불량이 될 수밖에.

거기다 매일 3만 8천 명의 어린이들이 굶어 죽음에도 사육동물들을 생산하기 위해 점점 부족해져 가는 세계 곡물 생산량의 3분의 1을 사용하고 있다. 1인분의 소고기 생산에 22인분의 곡물이 필요하다고 한다. 뿐만 아니라 사육동물이 발생시키는 메탄가스는 지구 온난화 원인의 18%에 해당한다고 한다. 이는 자동차보다 심각한 오염원이다.

2025년에는 세계 인구의 3분의 2가 물 부족 현상을 겪는다고 하는데, 가장 많은 물을 필요로 하는 작물인 쌀에 비해 열 배나 많은 물을 필요로 하는 소고기를 우리는 먹고 있다. 가장 적은 물을 소비하는 밀은 1킬로그램 생산에 4리터가 필요한데, 소고기는 1킬로그램 생산에 10만 리터가 필요하다고 하니 입이 다물어지지 않는다.

에너지 문제는 어떤가. 우리는 마치 석유가 지금처럼 영원히 생산될 것처럼 소비하고 있는 게 아닌가. 육류 식품은 채식 식품에 비해 식탁에 오르기까지 열 배나 많은 에너지를 필요로 한다.

함께 살 준비가 되어 있나요?

단지 고기를 먹느냐 먹지 않느냐로 채식주의자를 가늠할 수 있는 것만은 아니다. 얼마나 온전하고 생기 있는 삶을 살아가느냐 또한 채식주의자의 중요한 잣대이다. 다른 사람, 다른 생명체를 존중하는 사람들은 전쟁에 반대하며, 다른 사람의 인권을 짓밟고 무시하거나 모든 생명의 터전인 지구를 오염시키고 파괴하는 행위에 저항할 수밖에 없으며, 이런 행동에 적극적으로 나서는 사람들이야말로 채식주의자라고 본다. 또한 그래야만 지구의 모든 생명체들과 사람이 함께 살아갈 세상이 온다고 믿는다. 여러분은 지금 무엇을 위해, 누구와 함께 살 준비가 되어 있나요?

《함께 사는 길》 2009년 3월호

:: 생각 키우기

1 '채식주의자'란 어떤 사람들인가요? 어원을 바탕으로 정리해 보세요.

2 바탕글에 제시된 '먹기 위해 동물을 기르는 것'에 대한 문제점을 찾아보고, 채식을 해야 하는 이유를 정리해 보세요.

3 여러분의 지난 일주일 식단을 생각해 보고, 육식을 한 경우를 빈칸에 체크해 보세요.

	아침	점심	저녁	간식 1	간식 2
월					
화					
수					
목					
금					
토					
일					

176

4 육식을 하루에 두 번 이상 했다면, 고기를 덜 먹을 수 있는 방법을 친구들과 이야기해 보세요.

5 3~4번 내용을 바탕으로 학교 급식실 영양사 선생님한테 여러분만의 점심 식단을 짜서 제안해 보고, 이렇게 식단을 짠 이유를 설명해 보세요.

	밥	국	반찬
(예)	수수밥	두부 된장국	배추김치 나물무침 콩나물무침
월			
화			
수			
목			
금			

토종 씨앗의 행방불명

박경화

1500가지 밥맛

할머니는 알이 굵고 잘 여문 옥수수를 처마 아래에 매달았다. 그리고 벌레 먹지 않고 단단하게 여문 콩은 종류별로 주머니에 담아 시렁*에 얹어 놓았다. 햇볕을 받고 물기가 있으면 이내 싹이 트는 감자는 어둡고 바람이 통하는 창고에 보관하고, 따뜻한 것을 좋아하는 고구마는 사랑방에 있는 큰 단지 안에 넣어 두었다. 고구마는 방 안에서 겨울을 나니 따뜻해서 좋고, 우리는 추운 바깥에 나가지 않고도 생고구마를 먹을 수 있어 좋았다. 토란 뿌리는 사랑방 아궁이의 흙을 파고 묻어 두었다. 이렇게 농가에서는 씨앗과 열매의 성질에 따라 보관하는 법과 장소를 달리했다.

씨앗 종류도 다양했다. 호랑이콩, 대추콩, 제비콩, 자갈콩, 쥐눈이콩, 새알콩, 알종다리콩, 자주콩, 비추콩, 푸르대콩, 눈까메기콩, 선비밤콩, 보각다리콩, 준주리콩 등 메주와 된장의 재료인 누런 콩뿐만이 아니라 이름만 들어도 독특한 생김새가 떠오르는 다양한 콩이 있었다.

벼의 종류도 다양했다. 버들벼, 흰검부기, 녹도벼, 대관벼, 자광벼, 밀다리, 각시나, 족제비찰, 돼지찰, 쥐잎파리벼, 친다다치기, 쇠머리지장, 들렁들치기벼……. 이 낯선 이름들은 모두 우리 땅에 재배했던 벼의 이름이다.

이렇게 다양한 쌀이 지방마다 다른 밥맛을 이어 왔다. 벼는 4000~5000년 전 고조선 시대부터 농사를 짓기 시작한 가장 오래된 재배 작물이다. 지금 재배하고 있는 토종 벼만 해도 400여 종이고, 역사책에 기록된 것을 포함하면 1500종이 넘는 벼가 이 땅에서 자랐다. 무려 1500가지 밥맛이 있었던 것이다. 그런데 이 다양한 밥맛은 다 어디로 갔을까?

봄이 돌아오면 농부는 여러 가지 종자를 뿌렸다. 가뭄에 강한 종자, 일찍 이삭을 패는* 종자, 병에 강한 종자를 따로 파종했다가 날씨를 봐 가며 그해에 맞는 종자를 모내기했다. 이것이 바로 종 다양성을 가진 토종 농사법이었다. 한국토종연구회는 토종을 이렇게 정의했다.

"토종은 한반도의 자연 생태계에서 대대로 살아왔거나 농업 생태계에서 농민이 대대로 사양* 또는 재배하고 선발해서 내려온 한

• 시렁 | 물건을 얹어 놓기 위하여 방이나 마루 벽에 두 개의 긴 나무를 가로질러 선반처럼 만든 것.
• 패다 | 곡식의 이삭 따위가 나오다.
• 사양 | 사육.

국의 기후 풍토에 잘 적응된 동물·식물 그리고 미생물이다."

쉽게 말하면 토종이란 조상 대대로 우리 땅에서 자연의 기운
을 받고, 온갖 시련과 고난을 겪으면서 우리 기후에 맞게 진화해
온 종자를 말한다. 그래서 웬만한 질병에도 면역이 생겨서 농약
없이도 잘 자라고 건강한 열매를 맺는다.

물론 병에 걸리기도 하지만 내성을 키우며 진화했기 때문에
병에 걸려도 잘 버티고 잘 퍼지지 않는다. 그래서 좋은 먹을거리
일 뿐 아니라 우리 몸에 약이 되기도 했다. 또, 토종은 자신의 몸
을 크게 키우지 않는다. 영양분이 가득한 거름을 듬뿍 주어도 과
식하지 않고 자랄 만큼만 자란다. 줄기도 많이 뻗지 않고 자신이
감당할 만큼만 자란다. 그래서 열매는 달고 맛이 좋은데 수확량
은 그리 많지 않다.

자살 씨앗

토종은 1970년대 경제성장을 앞세운 산업화 이후 급격하게 줄
어들었다. '잘 살아 보세'로 시작된 산업화는 먹을거리 생산을
늘리기 위해 애를 썼다. 열매를 많이 맺는 종자를 보급하고 많이
판매하는 데만 골몰하는 동안 다양한 토종은 멸종되고 말았다.
지금 농부들은 해마다 시장에서 종자를 사다 쓴다.

그렇다면 시장에서 쉽게 살 수 있는 씨앗은 어떤 것일까? 종
묘상에서 사 온 개량종 씨앗을 '일대 잡종'이라고 한다. 이 씨앗

들은 수확량이 많고, 일찍 수확할 수 있다. 또, 열매가 크고 열매
살*도 많다. 농부들은 많이 수확해서 좋은 값에 팔아야 자식들
학교도 보내고 생활도 할 수 있기 때문에 개량종 씨앗을 선택했
다. 그런데 개량종은 특정한 병에 강하게 개량한 것인데, 그 병
에는 강할지 모르지만 자가 치유력이 없어 다른 병에는 아주 약
하고 금방 전염이 되어 퍼진다. 그래서 농약과 화학비료가 필요
하다.

이 씨앗의 또 다른 특징은 불임이라는 것이다. 이 작물을 키워
씨를 받고 다시 심으면 싹이 트는 발아율도 떨어지고, 자라면서
병에 약하고 열매도 잘 맺지 못한다. 또, 부모를 닮지 않고 제각
각으로 생긴 열매를 맺는다. 그래서 농부들은 다시 씨앗을 사다
써야 한다.

그런데 종묘 회사는 왜 이런 씨앗을 만들까? 그 이유는 해마
다 씨앗을 팔기 위해서다. 농부들이 씨앗을 산 뒤 다시 사지 않
으면 수익이 없기 때문이다. 또, 상품성 있는 종자를 만들면 다
른 회사에서 베낄 수 있기 때문이다. 다국적 회사에서 개발한 종
자 가운데 '터미네이터 종자'가 있는데, 이것은 아예 싹이 트지
않게 만들어졌다. 다국적 회사는 어떻게 하면 농부들이 해마다
종자를 사게 할까를 고민하다가 다음 해에는 싹이 트지 않도록
유전자를 조작하는 기술을 개발한 것이다.

• 열매살 | 열매에서 씨를 둘러싸고 있는 살. 같은 말은 '과육(果肉)'.

터미네이터 종자는 생식 능력을 스스로 제거한 자손, 즉 자살 씨앗을 말한다. 다음 세대의 씨앗이 스스로 독소를 분비해 죽도록 만든 것인데, 씨앗을 판매하기 직전에 화학물질로 씨앗에 자극을 주면 2세 씨앗이 성숙하는 시기에 독소가 분비되어 씨앗을 죽이는 것이다. 또, 자신의 회사에서 만든 특정한 농약을 뿌려야만 싹이 트도록 유전자를 조작한 '트레이터 기술'도 있고, 종의 경계를 넘어 마구잡이로 종을 섞는 '유전자 조작 종자'도 있다.

또 다른 문제는 다국적 종자 회사가 씨앗을 독점해 지적재산권을 행사하고 있다는 것이다. 1997년 IMF 구제금융 때 외국 회사에서 우리나라의 종자 회사를 대부분 인수했다. 종자 주권이 남의 손에 넘어가 버린 것이다. 이제 다국적기업이 전 세계 나라의 씨앗을 독점하면서 세계 모든 사람들이 똑같은 음식을 먹게 될 수도 있다. 유전자 조작된 종자가 자연 생태계에 어떤 영향을 미칠지는 아무도 모른다. 우리 씨앗은 사라지고 외국 종자 회사에서 공급하는 입맛에만 길들여지게 될지 지금은 우리의 미래를 예측하기조차 힘들다.

도시에서 관심을 가져야 하는 까닭

농부들은 그 지방의 환경에 적합한 토종을 재배해 왔다. 그 과정에서 새로운 변종이 생기고, 농부가 씨앗을 고르고 걸러 내면서 끊임없이 진화해 왔다. 토종 종자를 연구하고 보관하는 종자 은행에서도 다양한 토종 종자를 수집하고 있지만, 이 저온 저장고

안에 보관된 종자는 수집될 당시의 모습으로 잠자고 있을 뿐 진화하지는 않는다.

토종 씨앗이 없어지는 것은 농촌의 문제만이 아니라 도시 소비자의 책임도 크다. 도시 사람들이 크고 보기 좋은 농산물과 익숙한 맛만 찾는 바람에 농민들도 토종 씨앗을 점점 멀리하게 된 것이다. 그렇다고 개량종을 선택한 농부들이 부자가 된 것도 아니다. 농작물은 수확량이 많으면 값이 떨어져서 해마다 폭락과 폭등을 되풀이하고 있기 때문이다.

우리 토종 씨앗을 연구하고 수집하는 농촌진흥청의 안완식 박사는 1985년부터 전국의 두메산골과 사찰, 섬 구석구석을 돌아다니면서 토종 종자 2만 4000여 점을 수집했다. 1985년에 토종 종자를 처음 수집했던 곳을 1993년도에 다시 찾아가서 살펴보았다. 그런데 그 사이에 74%가 사라졌고, 7년 뒤에 다시 가 보니 12%만 남아 있었다. 토종이 사라지는 속도는 예상보다 훨씬 빨랐다.

식탁 위의 생물 종 다양성은 음식 문화의 다양성이고, 우리 문화의 다양성이다. 잘 먹어야 얼굴 빛깔이 좋고 활기가 넘친다. 먹을거리는 사람에게 가장 중요한 에너지원이다. 우리 땅에 나는 것을 골고루 찾아 먹어야 농업도 지키고 생태계도 건강한 생명력을 가질 수 있다.

종자 주권은 식량 주권이고, 우리의 먹을거리는 이 작은 씨앗에서 시작된다. 개량종에 밀려 다양한 토종이 사라지면 종자 수는 단순해지고 자가 번식력을 잃어버려 멸종되고 만다. 나라에서는 좋은 종자를 개발해서 보급하고, 육종*과 채종*을 지도해 주고, 다양한 유전자원이 자랄 수 있도록 도와야 한다. 농촌에서는 건강한 먹을거리를 생산해야 한다. 그리고 도시 사람들은 우리 땅에서 재배한 다양한 먹을거리에 관심을 가지고 소비해야 한다.

종이 다양할수록 생태계도 건강하다. 또, 땅이 건강해야 좋은 종자가 생기고, 종자가 튼튼해야 건강한 먹을거리를 생산할 수 있고, 다시 땅도 건강해지는 자연스런 순환이 이루어진다. 이것이 바로 우리가 토종을 살려야 하는 까닭이고, 도시에서 사는 사람들도 토종에 관심을 기울여야 하는 까닭이다.

생물 종 다양성

지구에는 다양한 식물 종, 동물 종, 그리고 미생물 종이 서로 도움을 주고받으며 살고 있다. 생물 종 다양성은 이런 생물 가운데 나타나는 종 다양성, 유전자 다양성, 생태계 다양성을 종합한 개념이다.

숲에 사는 나무 종류가 다양하면 생물 종 다양성이 높다고 표현한다. 또, 종은 하나라고 해도 종을 구성하는 유전적 형질은 다양할 수 있다. 은행나무는 가지가 수평으로 퍼지는 나무, 위로 서는 나무, 아래로 드리우는 나무같이 조금씩 유전 차이가 있다.

그런데 가지가 위로 서는 은행나무만을 골라서 숲을 가꾸었다면 생물 종 다양성은 낮은 것이다. 한 지역에서 자라는 나무 종류가 다양하면 생태계도 다양하게 나타난다. 그리고 주로 지형이 복잡하거나 면적이 넓을수록 생태계의 다양성은 높아진다.

지구 곳곳에서 훼손과 파괴, 개발이 계속되면서 생물 종이 멸종되고 점점 줄어들자 생물 종 다양성에 대한 관심이 높아지고 있다.

《여우와 토종 씨의 행방불명》(양철북, 2010)

---

* 육종 | 생물이 가진 유전적 성질을 이용하여 새로운 품종을 만들어 내거나 기존 품종을 개량하는 일.
* 채종 | 좋은 씨앗을 골라서 받음.

1 '토종'이 지닌 특징을 모두 찾아보세요.

2 자살 씨앗이 등장하게 된 과정과 그 배경을 정리해 보세요.

　• 과정 :

　• 배경 :

3 '주권'의 사전적 의미를 이해한 뒤, 글쓴이가 말하는 '종자 주권'의 의미에 대해 이야기해 보세요.

주권
1) 가장 주요한 권리.
2) 〈법률〉 국가의 의사를 최종적으로 결정하는 권력. 대내적으로는 최고의 절대적 힘을 가지고, 대외적으로는 자주적 독립성을 가진다.

4 토종 씨앗이 없어진다면 우리가 겪게 될 문제들과 토종을 살리기 위해 도
시 사람들이 해야 할 일이 무엇인지 생각해 보세요.

• 토종 씨앗이 없어진다면?

   1)

   2)

• 토종을 살리기 위해 도시 사람들이 할 수 있는 일은?

   1)

   2)

5 '터미네이터 종자'의 입장에서 사람에게 항의하는 글을 써 보세요.

로드킬

우석훈

'로드킬(road kill)'이라는 단어의 뜻부터 얘기해 보자. 혹시 여러분 중에 로드킬이라는 단어를 알고 있거나, 혹은 이 단어에 특별한 느낌을 가지고 있는 분이 있을지 모르겠다. 로드킬은, 도로에서 길을 건너려던 토끼나 노루, 살쾡이 같은 동물들을 자동차로치어 죽이는 일을 말한다. 십대인 여러분은 아직 운전을 해 본적이 없고, 차에 타더라도 대부분 뒷자리에 앉아 있어서 도로에서 순간적으로 벌어지는 일을 직접 목격하거나, 동물들의 시체를 피해 핸들을 재빨리 돌렸던 경험은 거의 없을 것이다. 그러나한국의 상식적인 '드라이버'에게 로드킬은 현실적인 문제다.

내 경험을 가지고 이야기를 해 보겠다. 나는 나이가 마흔에 가까워지던 시점부터 규정 속도를 잘 지키는 '모범 운전수'가 되었지만, 삼십대 초반에는 '파워 드라이버'에 가까워, 차가 허용할 수 있는 최대 속도 갱신하는 일을 두려워하지 않았다. 고백하건대, 제임스 딘이 그랬던 것처럼, "달리다 죽어도 좋아."라며 열심히 액셀을 밟던 때가 내게도 있었다. 물론 죽는 것은 두려웠지

188

만, 그 정도로는 죽지 않을 거라고 생각했었다. 그런 내가 운전에 대해 생각을 달리하게 된 계기는, 죽을 뻔한 사고를 도로에서 겪은 뒤부터였다. 눈 내리는 어느 겨울밤, 신호를 지키지 않은 다른 차를 피하느라 급히 핸들을 꺾다가 미끄러져, 차가 심하게 망가져 폐차하게 된 일이었다. 이때 순간적으로 내가 위험을 무릅쓸 것인가, 말 것인가 망설이다 결국 내가 다치는 쪽을 선택했었다.

보통 운전에 능숙한 사람들은 밤에 운전을 하다가 갑자기 동물과 마주치면, 동물을 피하느라 죽을 뻔했다고 말하면서도 실제로는 그 동물을 치어 죽이지 않으려고 행동한다. 인간이 가지고 있는 당연한 감정이다. 하지만 급정거와 급회전에 익숙지 않은 운전자이거나 옆 차선에 차가 가득 차 있는데 앞에 동물이 나타나면, 어쩔 수 없이 그 동물을 치고 가는 수밖에 없다. 눈길에서 동물을 만난 경우엔 생각하고 말고 할 것도 없이 그냥 치고 가야 한다. 눈길에서 급정거를 하면 운전자 자신뿐 아니라 동승자들의 목숨도 위험할 수 있기 때문이다. 이런 게 '로드킬'이다.

나는 남의 차를 얻어 타고 가다가 로드킬을 경험한 적이 가끔 있다. 1차 로드킬의 경우, 차 안에서도 풍선 터지는 소리 같은 것을 들을 수 있다. 토끼나 살쾡이 같은 작은 동물들이 치이면 차가 그냥 그 몸을 밟고 지나가는데, 치인 동물의 내장 같은 것들이 갑자기 눌리면서 풍선 터지는 듯한 소리가 들리는 것이다. 사람은 키가 크니까 차에 치이면 범퍼에 부딪혀 멀리 나가떨어지지만, 범퍼 높이보다 키가 작은 동물들은 고속으로 달리는 타이어를 먼저 만나게 되어 장기들이 순간적으로 터지는 것이다.

어쨌든 나 같은 경우, '운전을 계속한다'와 '동물을 치어 죽인다'라는 두 가지 일이 동시에 벌어지는 일이 생기지 않도록 꽤 노력하는 편인데, 부주의한 운전자라면 동물을 살리기 위해 순간적으로 핸들을 돌릴 확률은 그리 높아 보이지 않는다. 만약 같은 상황에서 길에 여우가 뛰어나왔다면 나는 과연 어떻게 했을까? '아, 이게 바로 그 멸종 위기종인 그 여우겠구나!', '혹시 이 녀석이 우리나라에서 마지막으로 남은 희귀종이라면?' 뭐 이런 생각을 하면서 눈길에서 핸들을 꺾고 차라리 내가 생명의 위험을 겪자, 이렇게 생각했을까? 사람에겐 그렇게 하지 못한 나였지만, "미안해, 여우!" 하면서 급정거를 하지는 못할 것 같다. 말은 '미안해'라고 하지만, 속마음으로는 '여우 때문에 내가 죽을 순 없지 않은가?' 하면서.

자녀가 다섯 살쯤 되면 부모들이 제일 처음 열심히 가르치는 일이 찻길 건너는 법이다. 찻길 건너기는 사람이 도시에 살기 위해서 밥을 먹거나 신용카드를 쓰는 것보다 본질적으로 더 중요한 일이다. 그래서 다섯 살이 되면 손을 들고 신호등을 보면서 길을 건너는 법을 열심히 가르치는 것이다. 동물들에게는? 아무도 길 건너는 법을 가르쳐 주지 않는다.

로드킬이 더 무서운 것은, 동물들의 동공 구조 때문이다. 로드킬은 대부분 밤에 발생한다. 그런데 주로 밤에 움직이는 야행성 동물들은 아주 적은 빛으로도 먹이를 찾아내는 방식으로 진화했기에 이들이 밤에 도로를 건너면 자동차 헤드라이트에 동공이 마비되어 꼼짝할 수가 없게 된다. 야행성 동물들은 밤의 세계에 매우 잘 적응하지만, 고속으로 질주하는 자동차 앞에서 눈이 마비되는 문제는 해결하지 못한다. 그래서 야행성 동물들이 도로에서 죽는 것이다. 더 안타까운 것은 뱀과 같은 파충류의 경우다. 변온동물*인 파충류는 도로가 햇볕을 받아 따뜻해지면 체온을 올리려고 도로에 나가 몸을 눕힌다. 비극적인 일이다.

동물들은 왜 이렇게 도로를 건너는 것일까? 간단한 이치다. 생태계의 크기는 단적으로 삼각형의 크기로 말할 수 있는데, 이 삼각형이 클수록 더 많은 생물종들이 살 수 있다. 그런데 한 생태계의 가운데를 도로가 지나가면 동물들에게는 이 삼각형이 작아지게 된다. 작은 동물들은 그 안에서도 충분히 먹이를 찾을 수 있지만, 살쾡이나 그보다 큰 포유류들은 좁아진 생태계 안에서는 자신을 지탱할 먹이가 충분치 않아 정상적인 먹이 활동을 위해선 도로를 횡단할 수밖에 없다. 가끔 도로 너머에만 물이 있는 황당한 경우도 있다. 도로를 만들 때 그런 것까지 고려하지는 않기 때문이다. 결국 물이 없는 횡단면 쪽의 동물은 멸종될 수밖에 없다.

물론 '에코 브리지'라고 해서 동물들 건너다니라고 도로 위에

• 변온동물 | 체온을 조절하는 능력이 없어서 바깥 온도에 따라 체온이 변하는 동물.

일종의 작은 동물용 고가도로 같은 것을 만들어 주기도 하는데, 이거야 말로 장식품에 불과하다. 이런 고가도로를 찾아다닐 수 있는 동물이라면, 차라리 신호등을 만들어 주고, "토끼 님들, 파란불에 건너세요!"라고 알려 주는 게 더 빠를 것 같다. 만약에 내가 여우이고 토끼들이 정말 에코 브리지를 건너간다면, 사냥을 하기보다 하루 종일 에코 브리지 앞에서 토끼를 기다리는 선택을 할 것 같다.

이렇게 죽어 간 동물들의 넋은 동물들의 천국에서 평온하게 쉴 수 있을까? 혹시 그렇게 죽어 간 동물들이 요괴가 되어, 자신을 치어 죽인 운전자의 어깨 위에 앉아 평생을 따라다니는 것은 아닐까? 불교식으로 이야기하면, 그렇게 죽은 동물이 다음 생에 이유 없이 나를 괴롭히는 선생님이나 직장 상사로 환생하는 것은 아닐까?

(※다큐멘터리 감독인 황윤이 만든 〈어느 날 그 길에서〉라는 영화가 있다. 기회가 닿으면 꼭 한번 보시기 바란다. 로드킬에 관한 영화인데, 지금 우리가 살아가는 이곳에서 벌어지는 일들에 관한 가슴 아픈 장면들을 볼 수 있다. 영화에서 고양이와 닮은 '팔팔이'라는 삶의 로드킬 사건이 나오는데, 이 영화를 보았다는 사람 중에서 이 장면을 보고 울지 않았다는 사람은 못 만나 봤다. 한국에서 살아가면서 꼭 알아야 할 얘기에 관한 영화다.)

《생태요괴전》 (개마고원, 2009)

:: 생각 키우기

1 '로드킬'은 무슨 뜻인가요?

2 밤에 도로에서 야생동물들이 많이 죽을 수밖에 없는 이유는 무엇인가요?

3 도로 위에 죽어 있는 야생동물을 본 적이 있다면, 그때 어떤 느낌을 받았는 지 말해 보세요.

4 로드킬을 줄이기 위해 할 수 있는 일을 생각해 보세요.

1) 되도록 자동차 대신 자전거나 도보를 이용한다.

2) 정부의 무분별한 산림 개발을 제한한다.

3)

4)

5)

5 다음 글을 참고하여 제시하는 활동을 해 보세요.

> 로드킬 조사 결과 2년 6개월 동안 무려 5769마리가 도로 위에서 죽은 채 발견되었다. 포유류 1792마리, 양서류 1604마리, 조류 1329마리, 파충류 970마리, 그 외 어류·갑각류·다지류 74마리로 죽은 수도 많고, 종류도 무척 다양했다. 그중에서 두꺼비가 가장 많았고, 꿩이 그다음이었다. 멸종 위기 종과 천연기념물로 지정된 법정 보호 동물도 16종, 311마리나 되었다. 이 보호 동물 중에는 삵이 103마리로 가장 많이 죽었고, 소쩍새 102마리, 큰소쩍새가 49마리였다. 하늘다람쥐와 남생이, 솔부엉이, 수달 같은 보호 종도 교통사고로 죽어 갔다. 환경계획연구소가 조사를 한 도로는 지리산을 둘러싸고 있는 전체 도로의 절반도 안 된다. 그렇다면 전국에 뻗어 있는 도로에서는 과연 얼마나 많은 동물들이 죽어 갔을까?

《여우와 토종 씨의 행방불명》 (양철북, 2010)

활동 위 글의 하늘다람쥐, 남생이, 두꺼비, 수달, 솔부엉이 등이 모여서 '로드킬'을 규탄하고 대책을 논의하는 회의를 열었습니다. 어떤 내용의 이야기들을 했을지 친구들과 배역을 정해 역할극을 해 보세요.

대한민국 자연성형사

최병두

성형 붐과 개발 붐의 끈끈한 관계

인간이 처음 지구에 등장했을 때, 인간은 자연을 두려워하고 경외했다. 하지만 언제부턴가 인간은 교활한 이성으로 자연을 대적하기 시작하면서 마침내 자연을 정복하고 지배하게 되었다. 이 과정에서 자연은 두려운 것, 경외스러운 것에서 야만스럽고 더러운 것, 따라서 감추고 순화해야 할 것으로 바뀌었다. 인간이 자신의 기존 얼굴을 감추고 치장하기 위해 성형하듯 자연을 인간의 편리에 따라 치장하고 순화하기 위해 성형을 하기에 이르렀다.

인간이 언제부터 자기 얼굴이나 몸을 성형하게 됐는지 알 수 없지만, 우리나라에서 현대 의술로 성형수술이 유행하기 시작한 것은 1990년대이고, 2000년대에 들어 가속화하면서 급기야 2007년 대한민국은 인구 대비 성형수술 비율 세계 1위 국가가 되었다. 한 연구자는 이러한 사실을 '프랙탈 이론'으로 설명하기도 한다. 이 이론에 따르면 부분이 전체를 닮아 가는 자기 유사

성을 추구하는 것처럼, 우리나라 도시인들의 성형 붐은 자연을 성형하는 도시 개발(디자인)과 밀접한 관련성을 가진다는 것이다.

이론에 바탕을 둔 설명이 아니더라도 잘사는 동네에 가면 성형한 사람들도 많지만, 도로 경관도 말쑥하게 청소되어 있고 주변 하천도 깨끗하게 정비되어 있다. 통계자료에 따르면 성형수술 환자들이 많은 곳은 도시 개발도 월등히 많이 이루어지고 있다. 이러한 사실은 도시인들의 신체 성형과 도시 자연의 성형이 어떤 공통점을 가질 뿐만 아니라 같은 메커니즘에 의해 이루어진다는 점을 유추하게 한다.

자연 성형은 인간의 자기 성형과 닮은꼴로 이루어져 왔다. 인간 성형처럼 자연 성형은 엄청나게 돈이 되는 사업이고, 권력의 헛된 자만심과 능력을 과시할 수 있게 했다. 자연 성형으로 자연은 점차 그 순수함에서 벗어나 인간을 닮게 되었고, 인간은 이렇게 인간화된 자연을 보고 마치 천지를 창조한 신처럼 흡족해했다. 그러나 자연이 인간화되는 과정에서 자연의 일부분인 인간도 자연성을 잃어버리고 자연으로부터 소외되었다.

일제강점기, 한반도를 손대다

우리나라 자연 성형 역사는 조선 시대 이전으로 소급*될 수 있지만, 근대 자연 성형 사업은 일제강점기에 시작되었다. 일제는 한반도와 만주 침략을 위해 남북을 관통하는 경부선과 경의선을 놓고, 본국에 필요한 쌀 증산을 위해 간척 사업을 추진했다. 또한 대규모 수력 개발을 위해 압록강을 막아 수풍댐을 건설했다. 이들은 해방 뒤 경부 축을 중심으로 한 지역 불균형 사업의 원조였고, 대규모 갯벌 매립이나 댐 건설 사업의 전형이 되었다.

일제에 의해 겉으로 드러난 이러한 자연 성형 사업들은 제국 권력의 위용을 드높이는 사업이었지만, 조선의 노동자들이 강제 동원되는 한편, 산허리가 잘려 나가고 갯벌이 매립되며 강물의 흐름이 끊기는 근대 자연 성형의 시초였다. 국토가 두드러지게 성형된 또 다른 사건은 해방 뒤 한반도 허리를 철조망으로 가로막는 남북 분단과 동족상잔의 비극과 더불어 민족의 산천을 황폐화시킨 6·25 전쟁이었다. 그러나 놀랍게도 인간의 접근이 금지되었던 비무장지대는 분단의 아픔으로 얻은 자연의 보고*로 남아 있다.

우리 손에 의해 자연 성형이 본격화된 것은 1960년대 뒤부터이다. 쿠데타로 등장한 군사독재 정권은 자본주의 경제성장을 주도하면서 산업화와 도시화에 필요한 대규모 택지와 공단 개발, 엄청난 용수와 전력 개발을 위한 댐 건설, 급증한 유통 물량을 위한 고속도로와 항만* 확충을 추진했다. 이 때문에 도시 주

• 소급 | 과거에까지 거슬러 올라가서 미치게 함.
• 보고 | 귀중한 것이 많이 나거나 간직되어 있는 곳을 비유적으로 이르는 말.
• 항만 | 바닷가가 굽어 들어가서 선박이 안전하게 머물 수 있고, 화물 및 사람이 배로부터 육지에 오르내리기에 편리한 곳. 또는 그렇게 만든 해역(海域).

변 농지나 임야가 사라지고, 대규모 인공호가 만들어졌으며 엄청난 토지가 물에 잠기거나 파괴되었다. 이러한 자연 성형으로 자본축적을 위한 물적 토대가 만들어졌고 독재 권력은 자신의 역할을 정당화시키고자 했다.

근대 자연 성형 정책은 경제성장에 실제 필요한 사업들뿐만 아니라 근대화된 대한민국의 모습에 어울리지 않거나 감추고 싶은 부분을 개조하는 사업도 포함했다. 가장 두드러지는 것은 한강 개조 사업이다. 한강은 1968~1970년 한강 개발 3개년 계획에 따른 제방 건설과 택지 조성, 그리고 1982~1986년 한강 종합 개발 사업에 따른 수중보 건설로 제 모습을 잃어버리고, 거대한 콘크리트 제방과 보로 둘러싸인 호수가 되었다. 대한민국의 경제성장을 상징했던 '한강의 기적'은 사실 '한강의 소멸'을 전제로 한 것이다.

이러한 한강 성형 사업은 우리나라 대부분 도시들을 관통하거나 그 주변을 흐르는 크고 작은 하천들을 모두 콘크리트 제방으로 직강화*하는 '모범'을 보였다. 뿐만 아니라 폐수로 오염된 도시의 작은 하천들은 복개*되고, 인간에 의해 비롯된 자연 오염과 더러움이 감추어졌다. 그리고 그 위에 도로와 건물들이 즐비하게 들어서게 되었다. 그 예로 1969년 흙탕물이 흐르던 청계천을 복개한 3·1 고가도로가 건설되고, 1970년 주변 슬럼가를 철거하고 3·1 빌딩이 준공되면서 근대화된 서울의 새로운 상징이던 때가 있었다.

또 다른 사례는 시화 지구와 새만금 지구 해안 매립 사업이다. 바다에 수십 킬로미터에 달하는 방조제를 축조하여 해안을 매립하고자 한 이 사업들은 실제 새로운 토지가 필요했다기보다는 국가재정을 투입하여 건설 자본에게 새로운 투자 기회를 제공하는 한편, 정치권력은 대규모 개발 사업을 자신의 치적*으로 홍보하면서 떡고물이 떨어지기를 기다렸던 것으로 보인다. 하지만 이러한 자연 성형에 대한 시민들의 반대로 시화 지구 사업은 포기할 수밖에 없었지만, 새만금 사업은 아랑곳없이 끝까지 추진되고 있다.

녹색과 명품으로 겉치레에 빠지다

1990년대 이후로 대량생산과 대량 소비 체제가 발전하면서 국민들의 소비 수준도 높아졌다. 또한 사회의 부가 상당히 쌓이면서 자연 성형 사업은 새로운 방식으로 바뀌게 되었다. 과거 자연의 모습을 무시한 채 경제성장이나 권력 과시를 위해 자연을 성형했던 방식이 점차 심각한 문제점들을 드러내자 자본이나 국가는 이른바 친환경, 생태, 녹색, 그린 개발이라는 이름으로 자연 성형을 하게 되었다. 최소한 명목상으로나마 녹색 도시를 건

• 직강화 | 자연 곡류 하천을 직선으로 만드는 것.
• 복개 | 하천에 덮개 구조물을 씌워 겉으로 보이지 않도록 함. 또는 그 덮개 구조물.
• 치적 | 잘 다스린 공적. 또는 정치상의 업적.

설하고, 녹색 공단을 조성하고, 녹색 성장, 심지어 녹색 골프장을 추진한다는 것이다.

그러나 생태계의 보고라 일컬어지는 갯벌을 파괴하는 매립 사업은 계속되고, 골프장이나 유흥 시설들의 증설로 자연녹지의 훼손은 더 빨라지고 있다. 도시의 무분별한 팽창으로 주변 농지나 임야가 파괴·전용°되는 것을 막기 위해 설정되었던 개발제한구역도 기의 해세되고 겉모습만 남았다. 도로, 댐, 채광, 개간 사업으로 국토의 척추라고 불리는 백두대간 산림 생태계는 지속해서 훼손되고 있다.

보다 문제가 되는 점은 겉으로는 친환경, 생태, 또는 '명품'이라는 이름으로 자행되는 자연 성형 사업들이다. 구제금융 위기 뒤로 침체된 지역 경제를 살리기 위해 수도권 지자체들은 앞을 다투어 뉴타운 명품 도시 건설을 내세웠다. 한 지자체장의 설명에 따르면 "명품 신도시란 첫째 규모가 커야 하고, 두 번째로 친환경, 저밀도, 고품질로 만들어야 한다."라고 한다. 명품 도시가 왜 대규모여야 하는지 알 수 없지만, 결국 친환경 명품 도시란 실제 화려한 대형 고급 아파트를 많이 지어 개발 이익을 챙기겠다는 뜻으로 이해된다.

물론 실제 파괴되고 오염된 자연을 복원하는 성형 사업들도 일부 이루어지고 있다. 복개 또는 직강화된 하천 콘크리트 구조물들을 허물고 자연형 하천으로 복원하는 사업이 그 예이다. 그러나 이 사업의 유행에 따라 급조된 여러 생태 하천은 말라 버렸거나 큰비로 훼손되어 도시 속 또 다른 흉물로 방치되거나, 많은 비용을 들여 인공으로 관리되고 있다. 청계천 복원은 대표 사례이다. 복원된 청계천은 도심 환경을 개선하고 시민들의 자연 친화적 휴식처를 제공한다고 하지만, 사업비 3870억 원이 투입되었고 해마다 230억 원가량 유지비가 소요된다.

이러한 하천 성형 사업은 이를 조성한 정치가의 치적으로 간주되면서 겉으로만 환경친화인 모습을 보이고 있을 뿐 진정한 자연 복원과는 거리가 멀다. 그럼에도 과시하는 업적에 맛을 들인 정치가들은 더 큰 자연 성형 사업을 추진하려고 한다.

이른바 '4대강 살리기' 사업은 국민의 혈세*로 이루어진 재정이 엄청나게 투입되지만, 진정으로 자연을 살리는 것도 아닐뿐더러 경제를 살리는 데도 별 도움이 되지 않는다. 결국 '4대강 살리기' 사업은 자연 성형에 중독된 집단, 즉 이를 통해 이윤 추구의 새로운 기회를 얻는 토목 자본과 사업의 성과를 자신의 업적으로 과시하고자 하는 정치권력이 진행하는 무모한 사업이라고 할 수밖에 없다.

흉내 내는 녹색을 벗어나야 한다

신체 성형으로 미인이 되기를 꿈꾸는 사람처럼, 사람들은 자연

• 전용 | 예정되어 있는 곳에 쓰지 아니하고 다른 데로 돌려서 씀.
• 혈세 | 피와 같은 세금이라는 뜻으로, 귀중한 세금을 이르는 말.

성형을 꿈꾼다. 특히 자연 성형을 통해 더 많은 돈을 벌고 싶은 자본가와 더 많은 권력을 가지고 싶어 하는 정치가들은 높은 산을 헐고, 흐르는 강물을 막고, 콘크리트로 새롭게 치장된 자연에 중독되어 그 꿈을 어떠한 희생을 감수하고라도 실현시키고자 한다. 이들에게 자연의 순수한 아름다움 따윈 생각해 볼 겨를이 없다. 자연 성형에 대한 이들의 중독은 결국 자본에의 의지, 권력에의 의지의 표출일 따름이다.

성형으로 개인의 콤플렉스를 극복하고자 하는 외모 지상주의는 도시나 국토의 자연 성형으로 확장된다. 도시 재생 사업에 열중하고 있는 국토해양부의 한 팀장은 자신의 사업을 단지 외모 성형만을 위한 것은 아니라고 주장한다. "얼굴만 고친 미인들은 살다 보면 얼마 안 가서 추악한 것들이 다 드러납니다. 도시를 고치면 다시 몇십 년 아니 몇백 년을 살아야 합니다. 그러니 더욱더 마음이 아름다워진 진정한 미인으로 도시를 재생해야 합니다." 그러나 진정한 미인은 재생되거나 성형되지 않은 자연미를 가진다는 점을 간과하고 있다.

신체 성형 중독은 환자 개인의 파멸로 끝나지만, 자연 성형의 사회적 중독은 전체 국민과 국토의 자연을 파멸로 몰고 간다. 성형 중독은 결국 눈에 보이는 외모의 파괴뿐만 아니라 정신의 파괴를 가져온다. 성형수술로 서로의 모습들이 표준화된다면, 서로 차이도 없고 평등하게 될 것처럼 보이지만, 대한민국 사람들은 획일화된 얼굴로, 획일화된 아파트에서, 획일화된 자연을 바라보며 살아가게 된다. 그리고 우리는 신체와 자연의 성형이 가져다준 타자성*의 박탈로 정신의 소외감을 겪게 된다.

이러한 자본에의 의지, 권력에의 의지에 따른 자연 성형 중독으로부터 벗어나기 위해, 루소는 "자연으로 돌아가자."라고 외쳤다. 마르크스는 인간 본성의 재인간화와 더불어 자연의 재자연화를 위한 새로운 계획을 요구했다. 니체는 자연의 탈인간화, 그런 다음 자연의 순수한 개념을 얻을 수 있도록 인간의 재자연화를 자신의 사명으로 선언했다. 그러나 그 뒤로 백 년, 이백 년이 지났지만 인간에 따른 자연 성형 사업은 끈질기게 없어지지 않고 오히려 더욱 만연*하고 있다.

인간과 자연의 중독된 성형의 역사로부터 벗어나기 위해 자연과 인간 본성에 대한 새로운 성찰이 요구된다. 근대화 과정에서 인간의 모습으로 성형된 자연을 우선 원래대로 되돌려야 한다. 이는 자본과 권력에 의한 자연의 인간화뿐만 아니라 이들에 의한 흉내 내기식 재자연화(녹색화)를 벗어나는 것이다. 진정한 재자연화는 선과 악을 초월한 순수한 자연, 무도덕적 자연 속에서 인간 본성에 있는 자연을 긍정하는 삶을 사는 것이다. 물론 자본과 권력의 억압 속에서 이루어진 신체 성형으로 잃어버린 인간

• 만연 | 식물의 줄기가 널리 뻗는다는 뜻으로, 전염병이나 나쁜 현상이 널리 퍼짐을 비유적으로 이르는 말.
• 타자성 | '타자'는 다른 사람, 다른 것. 여기에서는 타인과 자아가 구분되는 특성을 의미함.

본성도 되찾아야 한다. 이를 위해 서로의 타자성을 인정하는 바탕에서 시작해야 한다.

《작은 것이 아름답다》 2010년 6월호

:: 생각 키우기

1 인간 성형과 자연 성형의 공통점을 찾아 적어 보세요.

2 바탕글에서 하천 성형 사업이 진정한 자연 복원과 거리가 멀다고 한 이유를 찾아보세요.

3 아래 사진은 4대강 사업이 시작되기 전과 시작된 후의 낙동강 중동교 하류의 사진입니다. 두 사진을 비교해 보고 느낀 점을 적어 보세요.

4 무분별한 자연 성형을 일삼는 정부와 지방자치단체, 그리고 기업에 항의하는 글을 써 보세요.

5 무분별한 개발이 이루어진 100년 후, 후손들이 살게 될 지구의 모습을 상상하여 그림으로 그려 보고, 그렇게 그린 이유를 설명해 보세요. 또한 우리 후손이 어떤 모습의 지구에서 살기를 바라는지 이야기해 보세요.

냉장고 '윙윙'거리는
소리에 얽힌 사연

강양구

혹시 냉장고의 '윙윙'거리는 소리가 참 듣기 싫다는 생각을 해본 적은 없나요? 요즘에는 소리가 꽤 작아졌지만, 그래도 여전히 윙윙거리는 소리는 어쩔 수 없습니다. 앞으로도 이 소리는 계속 들어야 할 것입니다. 냉장고가 낮은 온도를 유지하는 데 꼭 필요한 과정에서 생기는 소리이기 때문입니다.

냉장고에는 냉매를 고온·고압으로 압축하는 '압축기'라는 전동기가 있습니다. 이 냉매가 증발하면서 온도를 떨어뜨려 냉장고의 낮은 온도를 유지하는 것이지요. 이렇게 냉매를 고온·고압으로 압축하는 과정에서 반드시 진동이 발생합니다. 최근에는 진동·소음 방지 장치를 설치해 냉장고가 많이 조용해졌습니다만, 진동 자체가 존재하는 한 미세한 소리는 날 수밖에 없습니다.

그런데 놀랍게도 한 100여 년 전에는 윙윙거리는 소리가 안 나는 냉장고가 있었습니다. 이 냉장고는 우리가 쓰는 전기냉장고와 달리 '가스'를 이용한 것입니다. 가스를 이용해 냉매(암모니아)를 가열한 뒤, 이 냉매를 이용해 냉장고의 낮은 온도를 유지하

는 방식으로 작동됩니다. 또한 이 냉장고는 가스 불꽃을 점등*
하기 위한 시간 장치나 열 스위치를 제외하면 전동기 같은 것이
필요 없습니다. 당연히 '윙윙'거리는 소리도 안 났겠지요.

가스냉장고와 전기냉장고의 한판 싸움

1920년대 들어 본격적으로 냉장고가 보급되면서 가스냉장고와
전기냉장고의 경쟁이 시작됐습니다. 먼저 가스냉장고의 사정부
터 살펴볼까요? 가스냉장고는 윙윙거리는 소리가 안 나는 것 외
에도 장점이 많았습니다. 이 냉장고는 매우 조용했을 뿐 아니라
작동 부품이 거의 없어 유지와 정비가 용이했습니다.* 더구나
미국은 1920년대 중반까지만 해도 전기가 들어오는 집보다 가
스가 들어오는 집이 훨씬 더 많았습니다. 에디슨의 백열등이 널
리 보급되기 전에는 대다수 가정에서 가스등을 사용했다는 사
실이 당시 미국의 사정을 잘 보여 줍니다. 당연히 가스 요금보다
전기 요금이 비싼 지역이 훨씬 더 많았지요.

　반면에 전기냉장고는 허점투성이였습니다. (지금 100년 전 이야
기를 하고 있다는 것을 떠올려야 합니다.) 당시 전기냉장고는 가격이
매우 비쌌을 뿐만 아니라 전기 요금도 지금과 비교할 수 없을 정
도로 어마어마했습니다. 석 달가량 전기냉장고를 사용할 경우
냉장고 가격에 맞먹을 정도의 전기 요금이 나왔으니까요.

　덩치도 엄청나게 커서 대부분 지하실에나 설치할 수 있었고,
그러다 보니 이용하기도 여간 불편한 게 아니었습니다. 냉장고

에서 물건을 넣고 꺼낼 때마다 일일이 지하실까지 내려가야 한다고 상상해 보세요. 윙윙거리는 소리는 또 어떻고요? 지금과 비교할 수 없을 정도로 컸습니다. 오래되고 덩치 큰 냉장고 옆에서 잠을 잘 때는 지금도 윙윙거리는 소리 때문에 귀가 아플 지경입니다.

상황이 이러했으니 소비자 입장에서는 선택의 여지가 없었습니다. 당연히 장점이 더 많은 가스냉장고를 선호하지 않았겠어요? 하지만 지금 미국을 비롯한 전 세계에서 널리 쓰이는 냉장고는 다름 아닌 전기냉장고입니다. 가스냉장고는 거의 자취를 감추었습니다. 정말 이상한 일입니다. 분명히 모든 면에서 장점이 더 많은 가스냉장고가 왜 전기냉장고에 밀려났을까요?

전기냉장고를 살린 대기업

당시 미국에는 우리나라의 삼성, LG와 같은 제너럴일렉트릭(GE), 제너럴모터스(GM), 웨스팅하우스와 같은 돈 많은 대기업들이 한창 승승장구하고 있었습니다. 특히 GE는 발전소부터 시작해 전등을 만드는 것까지 전기 산업을 주도하는 대기업이었지요. 이들 대기업은 장점이 많은 가스냉장고를 외면하고 전기냉장고를 키우기로 마음먹었습니다.

• 점등 | 등에 불을 켬. 여기에서는 불을 붙인다는 뜻임.
• 용이하다 | 어렵지 아니하고 매우 쉽다.

GE를 비롯한 대기업들은 집집마다 보급될 가능성이 큰 냉장고 시장을 선점하면*, 자연스럽게 전기 시스템이 가스 시스템을 퇴출시킬 수 있을 것으로 내다봤습니다. 이 때문에 전기 산업을 더 크게 키울 수 있는 전기냉장고 시장은 이들 대기업으로서는 절대로 포기할 수 없었습니다. 앞으로 다가올 '빛의 제국'을 위해서 가스냉장고는 죽어야만 했던 거지요.

이제 본격적으로 가스냉장고에 대한 대기업의 공세가 시작됐습니다. 이 기업들은 경쟁적으로 전기냉장고 개발에 막대한 자금을 쏟아 부으면서 가격을 내리고 성능을 개량했습니다. 물론 이 정도로 그치지 않았지요. 이들은 전국을 돌면서 대대적으로 냉장고를 홍보했습니다. 심지어 할리우드 스타들이 출연한 홍보 영상물을 만들어 상영하는 등, (아직 영화 시대였던) 당시로서는 획기적인 홍보를 전개하기도 했습니다.

반면에 세르벨, 소르코와 같은 가스냉장고를 제조하는 중소기업들은 막대한 개발비를 제때 조달하지 못해 도중에 사업을 포기할 수밖에 없었습니다. 전기냉장고처럼 경쟁이 활발하지 못하니 가격, 기술 경쟁력도 갈수록 떨어졌습니다. 가스 서비스 회사들이 전기 서비스 회사의 공세에 제대로 대응하지 못한 것도 가스냉장고의 패배를 부추겼습니다.

결국 1940년대에 들어서면 미국 가정의 45%가 전기냉장고를 들여놓을 정도로 냉장고가 널리 보급됐고, 가스냉장고는 역사 속으로 사라지게 됩니다. 물론 국내에도 1960년대에 처음 전기냉장고가 도입돼 지금까지 널리 쓰이고 있습니다. 조용하고 고장도 적은 데다 심지어 비용까지 저렴한 가스냉장고 대신 전기냉장고를 선택하게 된 것이지요. 좀 더 편리하고 기술적으로 우월한 과학기술의 산물(가스냉장고) 대신 전기냉장고가 최종 승자가 된 셈입니다.

만약 가스냉장고가 승리했더라면

지금 전기냉장고는 개량에 개량을 거듭해 김치냉장고, 화장품냉장고처럼 용도별로 나오는 등 생활에 꼭 필요한 가전 기구가 됐습니다. 물론 윙윙거리는 소리도 100년 전과 비교할 수 없을 정도로 작아졌지요. 하지만 가스냉장고가 전기냉장고에 승리해 100년 동안 개량에 개량을 거듭했다면, 우리는 지금 훨씬 더 편리한 가스냉장고를 쓰고 있을지도 모릅니다.

전기냉장고와 가스냉장고의 한판 싸움에서 볼 수 있듯이 우리가 일상적으로 접하는 과학기술의 산물들이 꼭 기술적으로 우월하고 편리해서 '살아남은' 것은 아닙니다. 대기업과 중소기업 간 경쟁의 틈바구니 속에서 가스냉장고가 희생됐듯이, 우리가 사용하는 과학기술 인공물의 역사 속에는 복잡한 정치·경제·사회적 요인들이 얽히고설켜 있습니다.

• 선점하다 | 남보다 앞서서 차지하다.

'청소가 필요 없는 집'은 왜 안 만들어질까 ·····························

역사 속을 뒤져 보면 가스냉장고처럼 '잊혀진' 과학기술 인공물들이 가득합니다. 물을 사용하지 않는 위생 화장실은 어떤가요? 화장실에서 사용하는 물의 양이 얼마 안 된다고 생각할 수도 있습니다만, 물 한 방울도 아쉬운 건조 지대에서는 사정이 다릅니다. 그런 지역에서 물을 사용하지 않는 위생 화장실이 널리 쓰이지 않는 것은 무슨 이유 때문일까요?

좀 엉뚱한 상상입니다만, 혹시 '청소가 필요 없는 집'을 상상해 본 적이 있나요? 만약 집에서 어머니가 청소와 같은 가사 노동을 전담하지 않았다면 청소가 필요 없는 집이 설계됐을지도 모릅니다. 실제로 집 안에 물길을 터 먼지가 쌓이는 것을 최소화하는 이런 집이 설계된 적이 있습니다. 물론 이 집 역시 주목을 받지 못하고 '잊혀진' 과학기술의 산물이 됐지만요.

《세 바퀴로 가는 과학자전거》 (뿌리와이파리, 2006)

:: 생각 키우기

1 전기냉장고가 널리 퍼지게 된 과정을 정리해 보세요.

2 만일 가스냉장고가 경쟁에서 이겼다면 현재 어떤 모습일지 상상해서 말해 보세요.

3 '청소가 필요 없는 집'이 다시 발명된다면 이 발명품을 가장 좋아할 사람은 누구이고, 가장 싫어할 사람은 누구일지 이야기해 보세요. 그렇게 생각하는 이유도 말해 보세요.

		이유
가장 좋아할 사람		
가장 싫어할 사람		

4 과학기술은 사람을 편리하고 이롭게 하기 위한 것입니다. 하지만 과학기술은 누가 어떻게 쓰느냐에 따라 사람을 불행하게도 할 수 있습니다. 아래 글을 읽고 사이러스 맥코믹이란 사람은 과학기술을 어떻게 사용했는지 정리해 보세요. 그리고 이런 일을 막기 위해서는 무엇을 어떻게 해야 할지도 생각해 보세요.

> 1880년대에 미국 시카고에는 수확기 공장을 경영하던 사이러스 맥코믹(Cyrus McComick)이라는 사장이 있었습니다. 맥코믹은 매우 큰돈이었던 50만 달러나 들여 시험 가동도 제대로 거치지 않은 새로운 기계를 공장에 도입한 다음, 공장에서 일하는 노동자 일부를 해고했습니다.
>
> 여기서 흥미로운 대목이 있습니다. 맥코믹이 도입한 기계는 기존의 것보다 비용은 더 많이 들면서도 품질이 떨어지는 제품을 생산했습니다. 비용은 가능한 한 적게 들이고, 품질은 더 좋은 제품을 만들어야 할 경영자가 상식에 어긋난 행동을 한 셈입니다. 이 이해할 수 없는 행동의 비밀은 바로 맥코믹과 노동자의 사이가 좋지 않은 데 있었습니다.
>
> 기계를 도입할 무렵 맥코믹은 노동자들이 조직한 노동조합과 사사건건 대립하고 있었습니다. 맥코믹은 당장 손해를 보더라도 눈엣가시처럼 미운 노동자를 '제거'하고 싶었던 것입니다. 맥코믹의 의도대로 공장을 다니는 노동자 중에서 노동조합 활동을 제일 열심히 하던 이들이 해고됐습니다. 맥코믹은 원래 목적을 달성하자마자 새로 도입한 기계의 사용을 중단했습니다.

> 강양구, 〈안국동 육교가 23년 만에 철거된 사연〉에서

5 전기냉장고 회사의 상업 행위를 옹호하거나 비판하는 글을 써 보세요.

214

게임이론이 세상을 바꾼다

박일한

1994년 노벨 경제학상을 받은 존 내쉬의 삶을 다룬 영화 〈뷰티
풀 마인드〉(론 하워드 감독, 2001년)에는 다음과 같은 에피소드가
소개된다.

1949년 프린스턴대학교에 다니던 스물한 살의 내쉬(러셀 크로
우)는 친구들과 함께 술집에서 맥주를 마시고 있었다. 이때 갑자
기 금발 미녀가 들어왔다. 모든 남자들이 그녀에게 넋을 잃었다.
내쉬의 친구들은 그녀를 놓고 경쟁하자고 제안한다.

한 친구는 "애덤 스미스(1723~1790)는 최고의 공익은 개개인이
최선을 다하면 실현된다고 말했어. 내가 먼저 도전할게."라고 말
한다. 모두 도전하면 가장 경쟁력 있는 사람이 자연스럽게 그녀
를 차지할 것이며, 이는 모두에게 정당하다고 생각한 것이다.

이때 내쉬는 그것은 잘못된 생각이라고 반박한다.

"우리가 저 금발 때문에 쟁탈전을 벌이면 아무도 그녀를 잡지
못할 거야. 자신에게 관심이 없다는 것을 안 그녀의 주변 친구들
이 샘을 내 금발이 우리들과 연결되는 것을 방해할 거야. 그 대

신 아무도 저 금발을 넘보지 않으면 쟁탈전도 없고 그녀의 친구들을 포함해서 모두 자연스럽게 즐길 수 있을 거야."

그러자 다른 친구가 "너 혼자 차지할 속셈이냐?"며 반문한다.

내쉬는 더 이상 반박하지 않는다. 대신, "애덤 스미스의 생각은 잘못된 거야. 이 점을 수학적으로 증명하겠어."라고 말하고 자리를 뜬다. 그리고 그날 밤, 정신없이 27쪽짜리 논문을 작성한다.

다음 날, 논문을 본 교수는 "네가 지금 무엇을 했는지 아느냐? 150년 된 경제 이론을 반박하고 있는 것이다."며 감탄한다. 훗날 그에게 노벨 경제학상을 안긴 그 유명한 '내쉬 균형'은 그렇게 태어났다. 주로 수학자들에 의해 연구되던 '게임이론'을 발전시킨 '내쉬 균형'은 당시까지 수요와 공급에 의해 최선의 가격이 결정된다는 '균형이론'을 반박한다.

이를 설명할 때 가장 흔히 드는 예가 '죄수의 딜레마*'다.

균형이론에 도전하는 게임이론

범죄 공모자로 의심받는 두 사람이 체포됐다. 두 사람은 각각 격리돼 취조를 받는다. 증거가 아직 불충분해 두 사람의 대응에 따라 형량이 결정된다. 만약 두 사람이 모두 함구*할 경우 무죄로 석방된다. 하지만 모두 자백하면 각각 2년형을 산다. 만약 한 명만 자백하고 다른 사람은 함구한다면 자백한 사람은 1년, 함구한 사람은 3년을 산다. 당신이 그중 한 명이라면 어떻게 해야 할까? 상대방이 함구할 것이 확실하다면 물론 가장 좋은 선택은 함구하는 것이다. 무죄로 풀려나올 수 있을 테니까.

하지만 상대방이 어떻게 나올지는 아무도 모른다. 그가 나를 의심해 자백할 수도 있다. 자백한 사람이 있다면 함구한 사람은 3년을 살아야 한다. 그렇다면 상대방의 모든 행동 범위를 예측한 최선의 선택은 무엇일까? 그것은 바로 자백하는 것이다. 상대방이 자백하더라도 최악의 경우인 3년형은 면하기 때문이다. 상대방이 함구하더라도 1년만 살면 된다. 따라서 모두가 자백을 선택하게 된다는 것이다.

이처럼 내쉬 균형은 모든 플레이어가 상대방의 행동을 예측해, 최선이 아닌 차선책에서 균형점이 형성되는 특성을 보인다. 이 점은 많은 시사점을 던져 준다. 시장경제에서 기업은 독점이 아닌 이상 경쟁사를 고려할 수밖에 없다. 플레이어들끼리 협조하지 않는 경쟁 시장에서 모든 회사는 경쟁사의 움직임을 예측해 가격을 결정해야 하기 때문이다.

A회사는 라면값을 결정할 때 B회사가 가격을 내릴 가능성을 염두에 둬야 한다. B회사가 박리다매*로 판매를 늘리면 결국 A회사가 시장점유율을 빼앗기는 등 더 큰 손해를 보기 때문이다. 이 경우 내쉬 균형은 A, B회사가 모두 내리는 쪽으로 형성된다.

---

* 딜레마(dilemma) | 선택해야 할 길은 두 가지 중 하나로 정해져 있는데, 그 어느 쪽을 선택해도 바람직하지 못한 결과가 나오게 되는 곤란한 상황.
* 함구 | 입을 다문다는 뜻으로, 말하지 아니함을 이르는 말.
* 박리다매(薄利多賣) | 이익을 적게 보고 많이 파는 것.

한쪽만 내리면 내린 쪽에게만 이득이고, 그렇지 않은 쪽은 큰 손해를 볼 수 있으므로 서로 조금씩만 손해를 보면서 함께 내리는 쪽으로 결정된다는 얘기다. 물론 서로에게 최선의 방법은 미리 담합*해 함께 가격을 올리는 것이지만 이는 시장경제에서는 불법이다. 기업들도 상대 기업에 대한 정보가 차단된 죄수의 딜레마에 빠진 셈이다.

결국 가격은 수요 공급에 따른 균형가격이 아니다. 경쟁사를 고려한 상황에서 차선책으로 나온 것이 가격인 것이다.

강한 군사력이 전쟁의 억제력?

내쉬 균형을 포함한 이들 게임이론을 간단히 설명하자면 상대방의 여러 가지 반응을 미리 예측해 이들을 서로 짝짓기하고 그렇게 나온 수많은 예측 결과 중에서 나에게 가장 이득이 되는 쪽을 선택한다는 것이다.

보통 복잡한 수학식으로 설명되는데, 핵전쟁도 막을 수 있는 게 게임이론이다. 이를 잘 보여 주는 영화가 있다. 〈닥터 스트레인지 러브〉(감독 스탠리 큐브릭, 1964년)가 바로 그것. 이 영화의 결말은 세계 영화사상 가장 충격적인 것으로 손꼽힌다. 쾅! 지구가 원자폭탄으로 폭발해 버리니 끔찍하지 않을 수 없다. 영화는 1960년대 초반 미국과 소련의 경쟁적인 핵폭탄 개발과 냉전 체제로 야기된 불안감이 반영됐다.

만약 영화의 등장인물들이 게임이론을 알았으면 핵전쟁을 막을 수 있었을까? 결론부터 말하면 '그렇다'다. 일본에서 게임이론을 소개해 베스트셀러가 된 《게임의 법칙》에서 교토대학 정보학연구과 아이자와 아키라 교수는 다음과 같은 사례를 제시한다. A국이 B국 끄트머리에 있는 무인도를 침략하려고 한다. A국이 계산한 것은 다음과 같다.

'만약 우리가 공격해 B국이 참으면 우리는 1을 얻고, B국은 1을 잃는다. 그런데 B국이 반격을 했을 경우 우리와 B국 모두 10의 손실을 본다. 그렇다면 우리가 침략할 경우 B국은 참을 것이다. B국의 입장에서 10의 손실보다 1의 손실이 낫기 때문이다. 좋다. 침략하자.'

자, B국은 위기를 맞았다. 당신이 B국이라면 어떻게 대처할까? 아키라 교수는 게임이론에 입각해 '침략을 당하면 반드시 반격한다'고 미리 성명을 발표하라고 말한다. 공격할 경우 무조건 '대반격'를 하면 양측 모두 막대한 피해를 입게 될 것이라고 발표해야 A국이 공격을 포기할 것이란 가정이다.

사실 이 방법은 전쟁에서 상투적인 것이다. 이를 따르다 보면 군비확산을 야기할* 수밖에 없다. 대반격을 하겠다는 위협이 성립되기 위해서는 자국 전력이 강하다는 전제 조건이 필요하기

• 담합 | 서로 의논하여 합의함을 뜻하며, 경쟁 입찰을 할 때에 입찰 참가자가 서로 의논하여 미리 입찰 가격이나 낙찰자 따위를 정하는 일을 일컫기도 한다.
• 야기하다 | 일이나 사건 따위를 끌어 일으키다.

때문이다. '강한 군사력이 전쟁의 억제력'이라는 논리는 이러한 사고에서 태어났다.

게임이론이 핵전쟁도 막는다?

〈닥터 스트레인지 러브〉에서 핵폭발이 일어날 수밖에 없었던 이유는 참여자들이 게임이론을 따르지 않았기 때문이라고 해석할 수 있다. 영화에서 소련은 '대반격'을 지휘하는 자신의 사령탑을 미국이 파괴할 것을 우려한다. 소련의 사령탑이 파괴되면 미국은 보복 피해 없이 소련을 공격할 수 있다. 그래서 소련은 인간이 개입할 수 없는 완전 자동 반격 시스템 '최후의 날 장치 (doomsday machine)'를 만든다. 미국이 공격하면 자동으로 공격하는 획기적인 장치를 만든 것이다. 그런데 미국은 이를 모른다.

한편, 미국의 지휘부 중 빨갱이 혐오증에 걸린 공군 사령관이 수소폭탄을 실은 비행대에게 소련 공격을 명령한다. 미국 대통령은 가까스로 공격 취소 명령을 내리지만 한 대의 비행기가 기계 고장으로 취소 명령을 받지 못한다. 결국 이 비행기가 소련을 공격하고, '최후의 날 장치'가 작동되어, 전 지구에 핵폭탄을 퍼붓는다. 어처구니없는 지구 멸망이 초래된 것이다.

'게임이론'에 입각해 생각해 본다면 소련은 큰 실수를 저질렀다. 바로 '최후의 날 장치'가 있다는 사실을 사전에 미국에게 알리지 않았던 것이다. 소련 공산당 서기장은 비상 상황에 돌입하고 나서야 전화로 미국 대통령에게 그런 장치가 있다는 것을 알렸다. 상대방이 침략해 오면 '반드시 대반격을 한다'는 것을 철저히 주지시켜야 했는데, 소련은 게임이론의 기본도 제대로 모른 것이다. 아무리 빨갱이 혐오증에 걸린 장군이라 해도 지구가 멸망할 것을 알았다면 감히 공격을 감행하지 않았을 것이다. 만약 소련이 게임이론을 알았다면 지구 멸망을 피할 수 있지 않았을까?

《경제 in 시네마》(창해, 2005)

:: 생각 키우기

1 게임이론이 무엇인지 정리해 보세요.

2 바탕글 앞부분 내용 중 술집에 미녀가 등장했을 때 어떤 상황이 펼쳐질지 애덤 스미스와 존 내쉬의 이론을 바탕으로 정리해 보세요.

애덤 스미스	
존 내쉬	

3 게임이론을 바탕으로 '죄수의 딜레마' 상황에서 가장 적절한 선택은 무엇이고, 그 이유는 무엇인지 적어 보세요.

가장 적절한 선택은?	
그 이유는?	

4 게임이론으로 볼 때 〈닥터 스트레인지 러브〉에서 소련이 저지른 가장 큰 실수는 무엇인가요?

5 게임이론을 통해 다음 상황에서 어떻게 행동할지 생각해 보세요.

상황　나는 동생과 집에서 텔레비전 문제로 싸우고 있다. 동생은 축구를 보고 싶어 하고, 나는 야구를 보고 싶어 한다. 이렇게 계속 싸우면 엄마는 텔레비전을 꺼 버린다고 하셨다. 하지만 양보하는 사람에게는 피자를 사 주신다고 한다. 자, 그럼 나와 동생은 어떤 선택을 해야 할까? 자신이 원하는 것을 조금씩 양보하면 나와 동생은 서로가 좋아하는 축구와 야구를 보고, 덤으로 피자도 먹을 수 있다.

과학은
놀라는 능력이다!

박성관

무지개에 놀라다

7년 전 어느 날, 무심코 창문을 열다가 깜짝 놀랐다. 창문 너머 산허리에 걸린 무지개가 너무나 동그랬기 때문이다. 한동안 멍하니 서 있을 수밖에 없었다. 비가 갠 뒤 우연히 생기는 무지개가 어쩌면 그리도 동그랄 수 있단 말인가! 누군가 하늘에다 컴퍼스를 대고 그린 것도 아닌데……. 넋 놓고 무지개를 바라보다가 퍼뜩 정신이 들었고, 그토록 동그란 것이 무지개만은 아니라는 데 생각이 미쳤다. 연못에 돌을 던져 보라! 퐁당 소리와 함께 물은 동그란 무늬들을 수도 없이 만들어 낸다. 몇 번을 던져도 그렇다. 바퀴나 구슬 같은 건 사람이 만드니까 그렇다 쳐도 자연 현상인 무지개나 물무늬가 어쩌면 그렇게 동그랄 수 있는지! 나는 세상 여기저기서 온갖 동그란 것들을 새로이 발견하기 시작했다.

세상의 온갖 동그란 것들

그날 이후 내게 세상은 전혀 다른 것이 되었다. 태양도 달도 별들도 모두 동그랗다. 천체가 운행하는 경로도 동그랗다. 자연은 원래 동그랗고, 또 운동도 동그랗게 하는 것일까. 어떻게 보면 네모나거나 불규칙한 것보다는 동그란 게 더 완전하고 멋있어 보인다. 과학이 발달하지 않았던 오래전 옛날, 누군가도 나처럼 세상이 참으로 동그랗다는 걸 발견하고는 깜짝 놀랐을 것이다. 그리고 인간의 과학은 바로 그 순간에 시작되었는지도 모른다.

과학은 놀라는 능력이다

과학이라고 하면 여러분은 먼저 어떤 이미지를 떠올리는가. 혹시 두툼한 안경에 흰 가운을 걸치고 실험실에서 현미경을 뚫어지게 노려보는 모습? 양손에 빨간 액체와 잿빛 액체가 각각 담긴 유리관을 들고 조금씩 섞는 모습? 물론 그런 것들도 과학의 모습이다. 그러나 만일 누군가 내게 과학이 무엇인지 묻는다면 나는 설레는 마음으로 말하리라, 과학은 무엇보다도 먼저 '놀라는 능력'이라고. 놀라는 게 무슨 능력이냐고 묻고 싶으실 것이다. 당연히 능력이다. 그것도 인간이 가진 가장 큰 능력이다. 만일 인류가 날마다 보는 현상들을 늘 똑같은 눈과 마음으로 대했다면 과학은커녕 새로운 앎 자체가 불가능했을 것이다. 그렇지 않겠는가?

도대체 왜 사과는 땅에 떨어지는가?

사과가 땅에 떨어지는 것을 바라본 사람들은 수만 명 아니 수십만, 수백만 명이 넘을 것이다. 그런데 오직 한 사람, 17세기 영국의 과학자 뉴턴(Isaac Newton, 1642~1727)만이 그것을 신기해하고 놀라워했다. "도대체 왜 사과는 나무에 계속 매달려 있지 않고 땅바닥에 떨어지는 것일까?" 하며 궁금해했다. 그러고는 땅바닥에 뭔가 사과를 끌어당기는 힘이 있지 않을까 상상했고 연구에 연구를 거듭한 끝에 마침내 저 유명한 만유인력을 발견하였다. 이렇듯 위대한 과학의 발견도 일상적인 현상에 대해 신기하게 여긴 마음에서 비롯된 것이다.

나침반에 신비한 힘이 있어요!

20세기의 천재 물리학자요, 역사상 가장 위대하다고 칭송받는 아인슈타인(Albert Einstein, 1879~1955)은 어릴 적부터 내성적이고 순한 아이였으며 말을 배우는 것도 남보다 늦었다고 한다. 그런 그가 어떻게 과학사에 길이 남는 과학자가 되었을까? 아인슈타인이 어린 시절 아파서 병석에 누워 있을 때 아버지는 장난감으로 나침반을 주었다. 어린 아인슈타인은 나침반의 바늘이 이리저리 흔들리면서도 꼭 북쪽을 가리킨다는 사실에 신비로움을 느꼈다. 훗날 자서전에 그것을 평생 잊을 수 없는 기억이라고 썼다. 얼핏 보면 단순하기 그지없는 것에 놀라는 그의 능력. 아인슈타인은 이 능력으로 뉴턴의 물리학을 혁명적으로 변화시켰고,

시간과 공간에 대한 그때까지의 생각을 완전히 혁신하였다.

과학은 놀라운 세계

그럼 우리는 어디서 그런 놀라운 일들을 볼 수 있는 것일까? 대체 그런 신기한 일들은 모두 어디에 숨어 있기에 내 눈에는 하나도 보이지 않는 것일까? 과학 시험도 잘 보고 위대한 과학자도 되고 싶은 분들에게만 그 장소를 특별히 귀띔해 드리겠다. 그곳은 바로 과학이라는 세계다. 과학 속에는 신기하고도 재미있는 일들이 무궁무진하게 들어 있다. 과학이란 놀라움을 먹고 자라는 것이니 그 안에 놀라운 일들이 가득한 것도 당연하다. 특히 우리와 함께 살아가는 생물들에게는 신비한 비밀이 많이 들어 있다.

박테리아를 아시나요?

박테리아는 언제나 나를 놀라게 한다. 한동안 '질병을 일으키는 병균'이라는 불명예스러운 이름으로 불렸지만 지금은 사정이 180도 바뀌었다. 박테리아는 지구에서 가장 오래전에 나타나 오늘날까지 살아 있는, 가장 오래된 생물이다. 생겨난 지 천만 년도 못 되는 인간의 처지에서 보면 박테리아의 생존 능력은 기적에 가깝다. 최근의 한 연구에 따르면 박테리아는 약 35억 년 전부터 지구상에서 살기 시작했다고 한다. 오래 산 것만이 박테리아의 자랑은 아니다. 박테리아는 억지로 죽이지 않는 한 죽지 않는다. 다른 모든 생물들과는 달리 박테리아는 늙어서 죽는 일이 없다는 말이다. 목숨 가진 생물이 늙지 않는다니! 또 이들은 멀쩡히 있다가 몸이 반으로 쩍 갈라지면서 두 개가 되기도 한다. 다른 생물들처럼 짝짓기를 할 필요가 없는 것이다. 더욱 놀라운 것은 박테리아가 길을 가다가 서로의 유전자를 멋대로 교환하기도 한다는 사실이다. 정말이지, 박테리아는 연구가 진행될수록 놀라운 사실들을 속속 드러내는 '경이로운' 생물이다.

바이러스도 있어요

바이러스는 생물인지 무생물인지부터가 분명치 않은 희한한 존재다. 평소에는 종이 쪼가리와 똑같은 무생물이지만, 생체 안에만 들어가면 살아 움직이며 자신을 복제하기도 한다. 살아 움직이며 자신을 복제하는 존재를 생물이라 부르지 않으면 뭐라 부르겠는가? 헌데 이런 바이러스가 생체 바깥으로 나오면 다시 종이 쪼가리나 두부껍질처럼 변해 버린다. 이런 존재를 무생물이라고 부르지 않을 수 있겠는가? 우리는 바이러스를 생물이라 해야 할지, 무생물이라 해야 할지 난감할 수밖에 없다. 생물과 무생물이라는 구분 자체가 바이러스 앞에만 서면 무능해지는 것이다. 이처럼 과학이 보여 주는 생물들의 다양한 삶은 그 자체가 우리에겐 놀라움이다. 과학의 세계 안에서 마음껏 놀고 상상력을 한껏 키워 보시기 바란다.

일상 자체가 신비다

20세기 철학에 일대 혁명을 가져온 비트겐슈타인(Ludwig Wittgenstein, 1889~1951)은 이런 멋진 말을 한 적이 있다. "이 세계에 신비스러운 것은 없다. 이 세계 자체가 신비다." 그러니까 비트겐슈타인에 따르면 신기하거나 놀라운 현상이 어디 따로 존재하는 게 아니다. 이 세계가 존재한다는 사실 자체가 신비하고 놀랍다는 것이다. 결국 그의 눈에 이 세상 모든 것은 신비이며 신비들로 가득 차 있다. 이렇게 보면 앞서 말한 과학 안의 신비도 그 신비 중의 일부다. 하긴 이 지구 안에 그토록 다양한 생명체들이 수도 없이 존재한다는 사실, 또한 내 몸 안에 박테리아나 바이러스처럼 수많은 생명체들이 살고 있다는 사실은 얼마나 놀라운가! 우리가 살고 있는 지구도 그 자체로 신비로운 존재다. 지구는 모든 사물들을 끌어당긴다는 점에서 거대한 자석이라 할 수 있다. 그렇지만 이런 엄청난 지구도 우주 전체로 보면 돌멩이보다도 작은 모래알갱이에 불과하다. 그만큼 우주는 넓고도 크다. 그런 우주가 존재한다는 것 자체가 신비 중의 신비다.

우리는 공중에서 살고 있다!

일상 자체에 놀랄 수 있다면 바로 오늘부터 세계가 전혀 다른 모습으로 느껴질 것이다. 진화론에 따르면 우리의 아득히 먼 조상들은 나무 위에서 생활했다고 한다. 나는 책에서 그런 얘길 읽으면 잘 이해가 안 되었다. 나무 위에서 살면 높은 데서 떨어지기도 하고 꽤나 위험했을 텐데, 왜 그런 데서 살았을까? 그렇지만 가만히 생각해 보면 현재 인류의 삶 또한 크게 다르지 않다는 걸 알 수 있다. 우리 집은 3층에 있으니까 하루의 반 정도는 공중에 떠서 살아가는 셈이다. 에스컬레이터나 엘리베이터, 그리고 내가 공부하는 학교는 또 어떤가? 아니, 우리가 땅 위에 발을 딛고 있을 때조차 실은 지구의 껍질 위에서 살아가고 있는 것 아닌가? 광대한 우주의 바다 위에 외로이 떠 있는 지구, 그것도 엄청난 속도로 자전하고 있는 돌멩이 위에서 튕겨 나가지 않고 멀쩡하게 살아가고 있다는 사실이 놀랍지 않은가?

진달래에 향기가 없는 이유

봄이 와 동네 뒷산에 꽃이 울긋불긋 피어나기 시작하면 산에 올라 보시라. 그럼 우리의 눈을 유혹하는 진달래나 철쭉을 만날 수 있다. 진달래와 철쭉, 이들은 모양과 빛깔이 비슷해서 대충 보면 잘 구분이 안 된다. 그런데 진달래는 일찍 피고 한 달 뒤쯤에야 철쭉이 피어난다. 신기한 건 진달래는 향기가 없고 철쭉은 향기가 매우 짙다는 점이다. 왜 그럴까? 여기에는 흥미로운 이유가 있다. 꽃들이 씨를 퍼뜨리기 위해서는 곤충이 꽃가루를 잔뜩 묻히고 같은 종류의 다른 꽃으로 가 줘야 한다. 진달래는 다른 꽃들보다 일찍 피기 때문에 애써 곤충들을 유혹할 필요가 없다. 하지만 철쭉은 늦게 피기 때문에 이미 옆에는 수많은 다른 꽃들이 피어 있다. 그러므로 자기 쪽으로 곤충을 끌어들이려면 갖은 방법으로 유혹해야 한다. 바로 이때 철쭉에게서 풍겨 나오는 매혹적인 향기는 눈이 나쁜 곤충들까지도 유혹할 수 있는 강력한 무기가 된다. 진달래와 철쭉이 연출하는 봄의 풍경에도 이토록 신기한 섭리*가 숨어 있는 것이다. 지구, 우주, 박테리아와 바이러스, 수많은 꽃들과 또 우리 자신……. 이 모두가 놀라운 신비다.

이 글을 다 읽으면 창문을 활짝 열고 밖을 내다보라. 봄의 기운이 천지에 가득하여 이 세상 모든 생물들이, 아니 모든 분자와 원자들이 아지랑이를 타고 마구 아우성치는 모습이 보이지 않는가? 만일 그것이 느껴진다면 바로 그때 당신은 과학하기 시작한 것이다.

《청소년문학》 2007년 봄호

---

* 섭리 | 자연계를 지배하고 있는 원리와 법칙.

:: 생각 키우기

1 글쓴이는 과학이 무엇이라고 했나요? 그렇게 말한 이유는 무엇인가요?

2 글쓴이가 열거한 놀랄 만한 과학의 세계들을 정리해 보세요.

과학의 세계	글쓴이를 놀라게 한 사실들
박테리아	
바이러스	
진달래와 철쭉	

3 다음 두 사람의 이야기를 통해 비트겐슈타인이 말한 "이 세계에 신비스러운 것은 없다. 이 세계 자체가 신비다."라는 말의 의미를 생각해 보세요.

어느 날 뉴턴이 울스소프에 있는 외갓집 마당에 앉아 있으려니까 사과나무에서 사과알 하나가 떨어졌다. 그것이 눈에 띄자 그는 왜 사과가 곧장 아래로 떨어지는 것일까라는 의문에 빠졌다. 왜 사과는 땅에 떨어지는 대신에 하늘로 솟구치거나 옆으로 날지 않는 것일까? 결국 그는 사과가 아래로 떨어지는 것은 무엇인가가 그것을 아래로 끌어당기고 있기 때문이라는 결론에 이르렀다.

_ 로버트 그린

뉴턴은 유행병을 피해 케임브리즈에서 가까운 어느 곳에 피난을 떠났는데, 어느 날 마당에서 우연히 사과가 떨어지는 광경을 보았다. 이때 그는 유명한 인력에 대한 명상에 빠져들었다. 그 원인에 대해서는 오랜 기간 많은 철학자들이 탐구해 왔으나 뜻을 이루지 못하고 있었다. 한편 대중들은 그런 일에 신비로움이라고는 전혀 느끼지 못하고 있었다.

_ 볼테르

4 우리 주변에 평소 변함이 없거나 당연하다고 여겼던 것들 중 그것에 대해 새로운 면을 알게 되었던 경험이 있으면 이야기해 보세요.

5 바탕글에 나오는 내용(소재)을 이용하여 '과학은 놀라는 능력이다.'라는 주제의 공익광고를 만들어 보세요.

5부

우리가
알아야 할
역사와
문화

집안 살림을 맡아 하던 착한 딸

_ 김명숙 / 묘지 번호 2-28

5·18 민주유공자유족회

열다섯 살의 명숙은 서광여자중학교에 다니던 3학년의 여학생이었다. 앳된 얼굴에 해맑은 눈을 가진 단발머리의 조그만 계집아이는 참 실한 아이였다.

2남 4녀의 많은 형제들 중에서 셋째로 태어나, 일찍 시집가 버린 언니를 대신해서, 매일 밖에서 중노동을 하시는 엄마를 대신해서 집안 살림을 야무지게 맡아 했다. 학교에서 돌아와서도 먼저 제 방에 앉는 법이 없었다. 가방만 내려놓고 부엌으로 들어가 밀려 있는 설거지를 하고 청소를 하고, 식구들의 저녁 식사를 준비했다. 늦은 저녁, 엄마가 들어오시면, "엄마, 상 놓을까?" 하며 알아서 밥상을 차려 내왔다. 아버지 혼자서 품팔이°를 해서 가정을 돌보기에는 역부족이었다. 그래서 엄마까지 일을 해야 했고, 그런 엄마의 고단한 생활을 명숙이는 알고 있었다. 이웃 사람들은 그런 명숙이를 보면서 "누가 시켜도 저렇게는 못할 것이다. 참 실하다."라며 칭찬을 아끼지 않았다.

김치가 다 떨어졌다 싶으면 시장에 나가 배추를 사 와서 소금

236

에 절여 놓고 엄마를 기다리기도 했다. 그런 딸이기에 엄마는 명숙에게 많이 의지했다. 설거지가 밀려도, 청소가 밀려도, 빨래가 밀려도 일요일에 명숙이가 하려니 하면서 집안일은 뒷전으로 미루었다.

일요일이라고 친구들하고 놀러 가고 싶다고 넌지시 엄마한테 응석을 부려 와도 "아야, 너는 참 속도 없다. 엄마는 니들 공부시키고 멕일라고 날마다 고생한디, 너는 놀러 가고 잡단 말이 나오냐?"라고 핀잔을 주기가 일쑤였다. 그러면 명숙이는 아무 말 없이, 싫은 내색도 없이 그냥 묵묵히 걸레를 들고 방을 닦거나 동생들의 운동화를 빨았다. 그렇게 한 번도 놀다 오라고 말하지 못하고, 제 손으로 제 옷을 빨아 입게 하고 밥을 해서 먹게 한 것이 이렇게 후회가 되고 딸에게 미안해질 줄은 어머니는 그때는 알지 못했다.

5월 27일 도청이 계엄군*에 함락되고, 다시 광주에는 군인들의 그림자가 드리워졌다. 전남대학교 정문 용봉천 주변에도 공수부대가 경계를 서고 있었다. 명숙이는 저녁에 집에 들어온 엄마에게 밥을 차려 주며 책이 없어서 뒷집에 사는 인숙이네로 책을 빌리러 가야겠다고 했다. 아직도 어수선한 바깥 상황에 맘이

---

* 품팔이 | 품삯을 받고 남의 일을 해 주는 일. 또는 그 사람.
* 계엄군 | 계엄(군사적 필요나 사회의 안녕과 질서 유지를 위하여 일정한 지역의 행정권과 사법권의 전부 또는 일부를 군이 맡아 다스리는 일)의 임무를 맡은 군대. 또는 그런 군인.

놓이지 않아 엄마는 가지 말라고 말렸다. 밥을 먹고 어머니가 설거지를 하는 사이 명숙이는 기어코 친구네로 가고 없었다.

그리고 얼마 지나지 않아 요란한 총성이 울렸다. 지나는 명숙이를 보고 대학생이 어디선가 쫓겨 가는 것으로 생각한 군인들이 공포탄을 쏜 것이다. 기겁을 한 명숙이는 개천 밑으로 뛰어내렸다. 한참 후, 개천 위로 기어 올라오던 명숙이의 움직임을 응시하고 있던 군인들은 기어이 한 방의 총을 쏘고 말았다. 살을 찢는 비명이 5월 저녁 하늘에 울려 퍼졌다.

"아이고, 밖으로 나와 보십시오. 명숙이가 총에 맞아 부렀소."

총소리를 듣고 밖에 나간 옆집 남자가 요란하게 뛰어 들어오며 소리를 질렀다. 명숙의 아버지가 정신없이 뛰어갔을 때, 명숙이는 엉덩이에 총을 맞아 피를 흘리며 작게 신음 소리를 내고 있었다. 그러나 온몸이 그새 굳어 갔고, 힘이 없는 손은 떨궈져 있었다. 명숙이를 안고 집으로 들어오고 놀란 군인들이 함께 들어왔다. 방에 누운 딸을 보러 차마 들어가지 못하고 어머니는 마당에서만, 놀란 가슴 따라 팔짝팔짝 뛰고 있었다.

"오메, 우리 명숙이, 명숙이 죽겄다. 오메 우리 명숙이 죽는갑다."

군홧발로 방에 들어선 군인들은 엉덩이에 맞았으니 괜찮을 것이라며 차를 불렀다. 군 지프차에 명숙이를 싣고 광주 국군통합병원으로 향했다. 그런데 괜찮을 거라던 명숙이는 가는 도중 가늘게 내쉬던 숨마저 멈추어 버렸다.

딸을 병원 영안실로 눕히고 아버지는 그냥 돌아왔다. 사체 처리를 자기들이 알아서 해 줄 테니 집에 가서 기다리라는 군의 말을 따르지 않을 수 없었다. 눈물 범벅으로 앉아 우는 아내에게 해 줄 말이 없었다.

"명숙이는? 우리 명숙이는 어쩌고 당신 혼자 오요?"

"괜찮다네. 명숙이 별일 없다고, 금방 낫는다고 해서 입원시켜 놓고 왔네."

그러나 어떻게 어머니에게 자식의 죽음을 감출 수 있겠는가? 다음 날 병원으로 가는 남편은 사형선고와도 같은 딸의 죽음을 토해 냈다.

"아이고, 명숙아! 내가 네 책 하나도 못 사 줘서 너를 죽게 했구나. 아이고 내 딸 명숙아, 내가 너를 고생만 시켰는디, 나는 어찌게 살라고…… 명숙아!"

어머니의 통곡은 듣는 가족의 마음을 더욱 아프게 갈라놓았다. 그래서 명숙이를 화장하기로 결정했다. 명숙이를 그대로 묻었다가는 매일 딸을 찾아가 울고 있을 명숙이의 엄마가 걱정이 되었던 것이다. 아무리 안 된다고, 명숙이의 묘를 만들어 줘야 한다고 어머니가 눈물로 이야기를 했지만 결국 명숙이를 화장시켰다.

복잡한 절차를 따라 화장을 하러 가족들이 명숙이에게 가는 날에도 어머니는 따라나서지 못했다.

"우리 딸 옷이라도 새로 입혀 보낼란다. 나도 같이 가자. 나도······."

하며 매달렸지만 가족들은 끝까지 만류했다. 택시를 붙잡고
있는 어머니를 떼어 놓고 명숙이를 불사르기 위해 가족들은 가
버렸다.

어머니의 절규를 누가 모를까마는 딸이 불구덩이로 들어가는
것을 지켜볼 수 있는 어머니는 많지 않으리라. 그 앞에서 쓰러져
통곡하는 어머니의 모습을 보면 명숙이도 편하지 못할 것만 같
아서, 그리고 어머니가 쓰러져 일어나지 못하기라도 할까 걱정
이 되어 가족들은 어머니를 떼어 놓았다.

한 줌 가루가 된 명숙이는 밭에 묻혔다. 이후 망월 묘역으로
옮겨졌다가 성역화가 된 신묘역으로 옮겨 올 수 있었다. 망월동
에 처음 묻힌 곳은 길에서 가까웠다. 그래서 사람들에게 밟혀 흙
이 깎여지는 것을 보고 마음이 아팠다. 신묘역으로 옮겨 그나마
성한 딸의 묘를 보니 마음이 한결 놓였다.

어떤 부모인들 앞선 자식을 생각하면 아프지 않고, 그 정도가
다를 수 있을까 싶기도 하지만, 어머니의 마음은 그렇지가 않다.

그저 착하기만 하고 곱기만 했던 딸이다. 2학년 때 좋은 친구
가 있었는데 3학년이 되니까 헤어져서 속상하다고, 그렇지만 더
좋은 친구도 많이 사귀고 공부도 열심히 하겠다며 조잘대기도
했던 딸이다. 딸 키우는 맛을 알게 해 주었던 딸이다. 어버이날
에는 주지도 않은 용돈을 모으고 모아서 엄마, 아빠의 내의를 사
서 내밀며 부모 가슴에 카네이션을 수줍게 꽂아 주던 살뜰하던

딸이다.

밖으로 나돌아서 부모 욕 먹이고 속 썩이고 하는 자식이었다면 혹시 조금 덜 아플 수 있을까? 무엇 하나 미운 곳이 없던 딸이라서 더욱 아깝고 애틋하다. 자식에게 베풀기만 하는 것이 부모라는데 명숙이에게 어머니는 아무것도 해 준 것이 없는 것 같다. 어린것에게, 공부하기도 바쁜 아이에게 고된 살림까지 하게 하고, 친구들하고 맘껏 놀게 해 주지도 못해서, 공부도 곧잘 하던 아이에게 참고서 하나 맘 놓고 사 주지 못해서 미안하고 또 미안하다.

어린 딸에 대한 죄책감으로 어머니는 홧병을 얻었다. 전주로, 담양으로, 나주로 병원을 찾아다니며 정신과 치료를 받았다. 서랍에는 약봉지가 떠나질 않고 있다. 목이 바짝바짝 말라 가고, 얼굴이 붓고, 온몸이 무너지는 듯 아픈데도 병원에서는 아무 이상이 없다고만 한다. 그래서 여전히 신경정신과 치료를 받으며 지낸다.

아들이고, 딸이고 자식이 죽은 것은 마찬가지인데, 어려서 죽어 더욱 안타깝고 서러운데 보상금이라는 것이 호프만 방식[•]을 적용해서 나왔다. 그것도 조금씩, 조금씩, 위로금 조로 주다가 나중에 그것들을 다 제하고 줬다. 10년이나 시간이 흐른 다음에

• 호프만 방식 | 누군가 사고로 죽거나 다쳤을 때, 이 사람에게 얼마의 보상금을 줄 것인지 계산하는 방식의 하나.

10년 전의 원가로 계산해서 말이다.

'내 딸의 죽음이 이만한 돈의 가치밖에 없는가?'라는 생각보다, 어머니를 더욱 서럽게 하는 것은 몇 푼의 보상을 놓고 주변에서 찧어 대는 입방아였다.

"얼마나 받았다냐?"

"오메, 그 돈으로 2층집이나 지어라."

"인자는 일 안 해도 묵고살겠다."

언론에서 떠들어 대는 평균적이지 않은 몇몇의 보상금에 대한 보도에, "그만큼 받았으면 되지, 뭘 더 바라냐? 이제는 입 다물어도 된다."라는 식의 철없는 말들을 들을 때는 온몸의 피가 거꾸로 쏟아 참을 수가 없다. 어떤 부모가 제 자식 죽고서 돈 몇 푼 받았다고 좋아할 것인가? 그것도 서럽게 투쟁했더니, 겨우겨우 인심 쓰듯 던져 주는 정당하지 않은 대우를 어떤 부모가 이해하고 받아들인다는 말인가? 어쩌면 자기가 겪은 아픔이 아니라고 그렇게들 쉽게 말하는지 야속하기만 하다.

신묘역으로 이장하던 날은 한없이 비가 쏟아졌다. 서럽게 죽어 간 명숙이의 눈물인 듯, 오월 영령의 눈물인 듯 잊히지가 않는다. 요새도 어머니는 가끔 망월동에 딸을 찾아간다. 비가 오면 젖을까, 눈이 오면 추울까 노심초사* 딸의 얼굴이 떠오른다. 미안한 기색이 전혀 없는 책임자의 얼굴과 울고 있을 명숙이의 얼굴이 자꾸 겹쳐 와서 잠들지 못하는 날이 많다.

이름 김명숙, 묘지번호 2-28

생년월일 1965년 9월 4일

직업 중학생(서광여중 3학년)

사망 일자 1980년 5월 27일

사망 장소 전남대학교 앞 천변

사망 원인 총상(좌측 골반 맹관 총상)

증언자 양덕순(어머니)

《그해 오월 나는 살고 싶었다 2》(한얼미디어, 2006)

• 노심초사(勞心焦思) | 몹시 마음을 쓰며 애를 태움.

1 바탕글을 읽고 명숙이를 둘러싸고 일어난 일들을 정리해 보세요.

5월 27일 도청이 계엄군에 함락되고 광주 곳곳에 공수부대가 경계를 섬.

⋮

명숙이는 저녁을 먹고 친구에게 책을 빌리기 위해 집을 나섬.

⋮

_____

⋮

군 지프차에 싣고 병원으로 옮겼으나 가는 도중 사망함.

⋮

_____

⋮

_____

2 명숙이의 죽음 이후 딸의 죽음만큼 명숙이 어머니를 서럽게 한 것은 무엇이었나요?

3 바탕글과 다음 내용을 참고하여 1980년 5·18 광주민중항쟁의 전개 과정을 정리해 보세요.

1979년 10월 26일 독재자 박정희 대통령이 암살된 뒤, 군대가 나랏일을 도맡아 다스리는 '계엄'이 선포되었습니다. 그리고 그해 12월 12일 권력에 눈이 먼 전두환, 노태우 등의 신군부 세력 군인들이 반란을 일으켰습니다. 그러자 대학생들이 더 이상 군인들이 다스리는 나라에서는 살 수 없다며 군인들의 퇴진을 요구하고 시위를 벌였습니다. 이에 군인들은 1980년 5월 17일 계엄을 전국으로 확대하고 각 지역으로 군대를 보내 시위에 참여한 학생들과 지식인들을 잡아들였습니다.

이때 광주에서도 대학생들과 시민들이 민주주의를 요구하는 시위를 벌이고 있었습니다. 신군부 세력은 시위를 진압하기 위해 공수부대를 광주에 내려보냈습니다. 이들이 바로 계엄군입니다. 광주에 내려온 공수부대는 시위하던 전남대학교 학생들을 폭력으로 진압하고, 이를 말리던 시민들에게도 행패를 부렸습니다. 계엄군의 폭력에 분노한 광주 시민들은 거리로 뛰쳐나왔고, 학생들과 힘을 합해 저항했습니다.

광주 시민들의 저항이 심해지자 계엄군의 진압은 점점 더 폭력적으로 변했습니다. 결국 5월 21일 계엄군은 시민들을 향해 무차별적으로 총을 쏘았습니다. 이 때문에 시위에 참가했던 사람들뿐만 아니라 일반 시민들까지도 총에 맞아 목숨을 잃고 말았습니다. 광주 시민들은 스스로 목숨을 지키기 위해 총을 들기로 결심하고, 경찰서와 예비군 부대의 무기고를 열어 총을 들었습니다. 그리고 자신들을 '시민군'이라 불렀습니다. 시민군의 거센 저항으로 계엄군은 한 차례 광주에서 물러나기도 했습니다. 하지만 5월 27일 새벽, 계엄군은 탱크를 앞세워 다시 쳐들어왔고 전남 도청을 지키고 있던 시민군들을 무자비하게 죽이고 말았습니다.

5·18 광주민중항쟁은 민주주의를 향한 시민의 의지를 드러내는 사건이 되었고, 신군부 세력의 야만성을 세계에 폭로함으로써 이들의 처지를 위태롭게 만들었습니다. 그리고 1987년 6월 민주 항쟁의 계기가 되어 민주주의 발전에 크게 기여하게 되었습니다.

4 다음은 광주민중항쟁 희생자들에 대한 기록입니다. 이분들이 왜 죽을 수밖에 없었는지 그 이유에 대하여 생각해 보고 이야기를 나눠 보세요.

이름 홍순권 [1960-01-21]
주소 중흥 1동
내용 20일부터 가톨릭농민회 회원들과 함께 시위에 동참했다가 27일 도청에서 최후 항쟁에 참가. 총에 맞아 사망.

이름 문재학 [1964-06-01]
주소 북구 중흥동
내용 광주상고를 다니던 문재학은 도청에서 마지막까지 투쟁하다 복부에 총을 맞아 사망.

이름 양회남 [1950-02-16]
주소 북구 용봉동
내용 화정동 집 담 밖에서 총소리가 나서 내다보니 신음 소리를 내며 쓰러져 있는 생존자가 있어 이 사람을 구하기 위해 나갔다가 총에 복부를 맞아 사망. 101사격장에 가매장되었다가 망월동으로 이장.

이름 최미애 [1957-02-06]
주소 북구 중흥동
내용 임신 8개월이던 최미애는 21일 중흥동 집앞 골목에서 남편을 기다리다 전남대 정문 쪽에서 계엄군이 정조준한 사격에 머리를 맞고 사망.

---

5 아직도 명숙이를 잃은 슬픔과 울분으로 정신적 고통을 받고 있는 명숙이 어머니께 위로의 편지를 써 보세요.

현대사와 10대

고지훈

산업화의 조연, 10대

19세기 말 전 세계 어느 곳에서든, 아니 당시 기준으로도 선진국이라 할 만큼 산업화가 빠르게 진행되던 미국과 영국 등지에서도 미성년 노동이 이루어졌다. 지금으로 치면 학교에도 들어가기 전부터 공장에서 일하는 어린이들이 수두룩했다. '뒤늦은 산업화'는 좋은 점만 따라갈 수가 없다. 나쁜 점들도 고스란히 반복할 수밖에 없는 것이다.

1938년 당시 조선총독부가 제사* 산업에 종사하는 노동자들의 평균 연령을 조사한 통계에 따르면, 15세에서 18세의 미성년 노동자가 가장 높은 분포를 보였다. 전체 노동자 가운데 무려 61.2%를 차지한다. 14세 노동자도 5.6%나 된다. 취학 연령의 절대다수가 학교 문턱도 넘기 힘들었던 사회 상황과 절대 빈곤을 극복하려면 아직도 30년 이상 기다려야 했던 어두운 식민지 시

* 제사(製絲) | 고치나 솜 따위로 실을 만듦.

절임을 감안*하더라도 매우 높은 수치다. 노동자들 전체에 대한 연령 조사는 아니었으니 확실히 말할 수는 없지만, 식민지 시기 미성년 노동은 법으로도 금지되지 않았고 사회적으로도 널리 용인되고 있었다. 해방이 이 상황을 금세 변화시킨 것도 아니었다.

1950년대 한국에서 가장 큰 방직공장이던 부산의 조선방직에는 전체 노동자 2800명 가운데 절반이 20세 이하의 미성년 노동자들이었다. 한 조사에 따르면 1970년대 말, 서울 경기 지역 50인 이하 사업장에 취업하고 있는 여공의 첫 입사 연령은 평균 16.5세였다고 한다. 한국 현대사에서 박정희와 함께 우리가 반드시 기억해야 할 인물 중 하나인 전태일이 처음 공장에 취직했을 때, 그의 나이는 겨우 열여섯이었다. 한국 노동운동사의 성지와도 같은 청계천 일대의 봉제 공장에서 근무하는 여공들의 평균 나이는 그보다 조금 높은 15~16세였다. 1970년대 중화학 공업의 그늘에 가려 그 존재도, 의의도 희미해져 가는 1950~1960년대 중소 규모 경공업에 종사했던 '공순이'들은 20대가 되면 늙었다는 소리를 들을 만큼 10대 시절에 엄청난 노동력을 소진*해야 했다. 1970년대 초, 민주노조 운동이 순을 틔울 무렵 주축이 되었던 것이 바로 이 세대들이었다.

미성년 노동의 사각지대는 오늘날에도 존재한다. 시대의 트렌드를 반영하기라도 하듯, 그나마 정규직이었던 청계천 여공들과는 달리 지금의 미성년 노동자들은 대부분 비정규직이다. 그들은 노조를 결성하지도 못한다. 노조는커녕 학교에서 공부나 열심히 해야 할 애들이 왜 쓸데없이 아르바이트를 하는지 모르겠다며, 아예 '비정상적인' 아이들로 치부하기도 한다. 이들은 근로기준법*의 보호도 제대로 받지 못할뿐더러 정당한 사회 활동에 대한 권리 행사도 불가능하다. 자신들에게 가해지는 부당 노동 행위에 정치적으로 항의할 수 있는 수단도 없다. 이들에게는 선거권이 없으니까 말이다.

민주화의 조연, 10대

10대들이 비단 산업화에만 기여를 한 것은 아니다. 우리 건국의 영웅인 이승만 전 대통령을 독재의 권좌로부터 끌어내리는 데도 10대들이 큰 기여를 했다. 한때 오늘날의 '초중등'만큼이나 열심히 반정부 투쟁을 벌였던 '조중동'의 주축 《조선일보》는 1969년 2월 29일 다음과 같은 사설을 실었다.

28일 하오 대구에서 발생한 남녀 고등학교 학생들의 데모 사건은 우선 경찰에 일시 연행되었던 학생의 수효만 하더라도 200여 명에 달한다고 하니 근래에 볼 수 없었던 충격적인 사건이라 아니 할 수 없다. 데모가 발생한 직접적 동기는 당일이 일요일임에

- 감안 | 여러 사정을 참고하여 생각함.
- 소진 | 점점 줄어들어 다 없어짐. 또는 다 써서 없앰.
- 근로기준법 | 헌법에 의거하여 근로 조건의 기준을 정하여 놓은 법률. 근로자의 기본적 생활을 보장하고 향상시키며 균형 있는 국민 경제의 발전을 목적으로 한다.

도 불구하고 대구 시내 전 중·고등학생에게 등교를 명한 데 대한 불만이 폭발한 것이라 하며 그날 마침 민주당의 부통령 입후보자 장면 박사 일행의 선거 강연이 개최되고 있었다는 것과 관련시켜 고찰해 본다면 단순히 학생들의 일시적 흥분의 소치*라고만 할 수 없는 별다른 원인이 있지 않았던가 추상*된다.

이 사설의 제목이 의미심장하다. "대구 학생 '데모' 사건의 책임은 문교 당국*에 있다." 대구에서 발생한 이 2·28 데모 사건은 '3·15부정선거 규탄 데모'의 도화선* 역할을 했다. 이 데모는 선거에 대한 관권 개입 의혹을 사실로 각인시켰다. 민주당 대통령 후보의 유세를 방해하기 위해 일요일도 학생들을 등교시킨 것이 문제라고 지적하는 사설에서는, 26일 자유당의 유세에 "교직원들이 참가하기 위해 오후 수업을 전폐"시켰다며 우둔한 문교 당국을 질타했다. 수업하는 날도 어떻게 하면 '쨀 수 있을까?' 라는 고민만 하는 학생을 상대로 참 우둔하면서도 대담한 결정을 내렸던 것이다. 사설은 계속해서 참으로 옳은 소리를 늘어놓는다. "이유를 무엇에 붙이든 간에 학생들이 오해하게끔 부당한 처사를 했다는 것만은 사실이니 이 점에 대해서 충실한 사후 처리가 없는 한 이번 사태가 비록 경찰의 출동으로 수습되었다 할지라도 학생들의 가슴에 불붙은 학교에 대한 불신의 감정은 해소될 리가 없을 것"이라고 경고하고 있다. 이러한 경고를 무시하고, 오해건 무엇이건 순진한 학생들의 가슴에 불을 댕긴 이승만 정권의 말로는 불과 보름도 채 되지 않아서 벼랑 끝으로 몰렸다.

10대, 3·15 부정선거 규탄 시위의 핵심으로

대통령 선거가 치러진 3월 15일, 마산에서는 부정선거 규탄 시위가 대규모로 발생했다. 시위대의 핵심은 마산 시내의 중·고등학생을 비롯한 10대들이었다. 우리가 잘 알듯 이 와중에 남원이 고향인 열일곱 살 김주열 군이 최루탄에 맞아서 사망했다. 결국 한 달쯤 뒤인 4월 11일 마산 앞바다에 김주열 군의 시신이 떠오르면서 4·19 학생 의거로까지 이어진 것이다. 한데 우리가 잘 모르는 사실도 있다. 3월 15일 밤 마산 시위 당시 김주열 군 외 경찰의 총격으로 사망한 사람은 9명이 더 있었다는 점이다.

김영호(19세), 마산공고 2년생
김용실(18세), 마산고 1년생
김영준(20세), 마산고 졸
전의규(18세), 창신중 졸
김영길(18세), 창신중 졸, 철공소 노동자

- 소치 | 어떤 까닭으로 생긴 일.
- 추상 | 미루어서 생각함. 또는 그런 생각.
- 문교 당국 | 오늘날의 교육과학기술부.
- 도화선 | 폭약이 터지도록 불을 붙이는 심지나 사건이 일어나게 된 직접적인 원인을 말함.

김효덕(19세), 노동자

김삼웅(19세), 창신중 졸

오성원(20세), 행상인

조대현(21세), 무직

발포의 희생자들이 주로 10대였다는 사실은 전국의 중·고등 학생들을 격분시켰다. 4·19 대학생 데모가 터져 나오기 전에 불을 댕긴 것은 바로 이 중·고등학생들의 전국적인 시위였다. 전주에서는 데모를 계획하던 고등학생들을 교사들이 사전에 발각하여 학교에 '보호' 조치하는 해프닝이 일어나기도 했고, 진상 조사에 나선 변호사협회는 연행된 학생들에조차 가혹한 고문이 가해진다며 아직 정신을 차리지 못한 정부 당국을 비난했다. 마산 시내 모든 중·고등학교에는 학생들의 '금족령'이 내려졌고, 이는 20일(일요일)에야 풀렸다. 경찰은 못마땅한지 "빨갱이를 양성한다"고 교사들을 힐책* 하기에 이르렀다. 이강학 치안국장은 마산 데모가 "방법이 공산당과 같다"며 배후에 불순 세력이 개입하고 있다는 협박을 했고, 이기붕 부통령 당선자는 한술 더 떠서 "총은 쏘라고 준 것"이라며 마치 발포가 정당하다는 듯한 뉘앙스의 발언을 했다. 이승만 대통령은 마산 사건이 발생한 지 꼭 한 달 만인 4월 15일 "공산당이 들어와서 뒤에서 조종"했다며 "정부와 민간은 심려*"해야 한다고 자살골을 넣었다. 사태를 직시하지 못하고 사실을 왜곡한 것은 순진한 학생 시위대나 그 배후 세력이 아니라 대통령을 비롯한 정부 당국이었다. 그 결과는 참혹했다. 부통령 일가족이 자살하고 대통령은 쫓겨나듯 하와이로 망명했다.

아름다운 청춘

고대사회로부터 현대사회에 이르기까지 우리 사회는 보호와 양육이 필요한 '미성년'의 범위를 점차 넓혀 왔고, 그들을 보호하기 위한 제도와 기구를 발전시켜 왔다. 한데 '미성년'들이 단순히 보호받고 양육받는 수동적 존재가 아니었음은 우리 역사가 잘 증명해 준다. 오히려 이들은 우리 역사, 현대사 속에서 누구보다 능동적이고 중요한 역할을 떠맡아 왔다는 사실을 잘 보여 준다. 이들은 때 맞춰 사료 주고, 햇볕 쏘여 주고, 학습시키는 것만으로 쑥쑥 커 가는 콩나물들이 아니다. 그렇게 알았다가는 큰 코다친다.

《청소년문학》 2008년 여름호

• 힐책 | 잘못된 점을 따져 나무람.
• 심려 | 마음속으로 걱정함. 또는 그런 걱정.

:: 생각 키우기

1 글쓴이가 오늘날의 미성년 노동자들의 특징을 뭐라고 했는지, 또 오늘날의 미성년 노동자들이 겪고 있는 불이익에는 어떤 것들이 있다고 했는지 바탕 글에서 찾아 정리해 보세요.

2 바탕글에서 이승만 독재 정권이 막을 내릴 수밖에 없었던 계기를 찾고, 그 렇게 되기까지의 과정을 정리해 보세요.

3 산업화와 민주화의 과정에서 10대들은 중요한 역할을 담당해 왔습니다. 우 리 역사에서 10대들이 중요한 역할을 했던 사례를 찾아서 적어 보세요.

사례 1	신라 시대 – ( )의 활약을 통한 통일
사례 2	일제강점기 – 3·1 운동 때 유관순 열사의 만세 운동
사례 3	한국전쟁 – ( )의 숭고한 희생
사례 4	1960, 1970년대 경제 발전의 바탕 – 10대 노동자들의 저임금 노동
사례 5	2000년대 – 미국산 쇠고기 수입 관련 10대들의 ( )

4 다음 글을 읽고 여러분이 강의석 군과 같은 상황에 처했더라면 어떻게 했을 것인지 생각해 보세요.

2004년 6월, 기독교 재단의 대광고등학교에 재학 중이었던 강의석 군은 학교 방송을 통해 '학내 종교 자유'를 주장하며 '예배 불참'을 선언했다. 이로 인해 학교 측과 대립하였으며 끝내 학교에서는 강 군을 제적 조치(퇴학) 하게 되었다. 이에 강 군은 퇴학 무효 소송과 국가인권위에 진정서 제출, 단식 투쟁 등의 노력으로 다시 학교에 복귀할 수 있었고 무사히 졸업하여 대학에 진학할 수 있었다. 강 군은 자신의 신념을 지키기 위해 부산을 시작으로 학내 종교 자유 보장을 요구하는 국토대장정에 돌입하기도 하였다. 5년여의 법정 공방 끝에 지난 2010년 4월 22일 대법원은 "미션 스쿨(기독교 재단에서 설립한 학교)에서도 종교의 자유가 인정되어야 한다"며 강 군의 편을 들어 주었다.

5 다음 글은 문화관광부(현 문화체육관광부)가 1998년 선포한 청소년 헌장 중에서 '청소년의 권리'에 해당하는 내용입니다. 21세기형으로 새롭게 패러디해 보세요.

청소년의 권리

1. 청소년은 생존에 필요한 기본적인 영양, 주거, 의료, 교육 등을 보장받아 정신적, 신체적으로 균형 있게 성장할 권리를 가진다.

1. 청소년은 출신, 성별, 종교, 학력, 연령, 지역 등의 차이와 신체적, 정신적 장애 등을 이유로 차별받지 않을 권리를 가진다.

1. 청소년은 물리적 폭력뿐만 아니라 공포와 억압을 포함하는 정신적인 폭력으로부터 보호받을 권리를 가진다.

1. 청소년은 사적인 삶의 영역을 침해받지 않을 권리를 가진다.

1. 청소년은 자신의 생각과 느낌을 자유롭게 펼칠 권리를 가진다.

1. 청소년은 자유로운 의사에 따라 건전한 모임을 만들고 올바른 신념에 따라 활동할 권리를 가진다.

1. 청소년은 배움을 통해 진리를 추구하고 자아를 실현해 갈 권리를 가진다.

1. 청소년은 일할 권리와 직업을 선택할 권리를 가진다.

1. 청소년은 여가를 누릴 권리를 가진다.

1. 청소년은 건전하고 다양한 문화, 예술 활동에 자유롭게 참여할 권리를 가진다.

1. 청소년은 다양한 매체를 통하여 자신의 삶에 필요한 정보에 접근할 권리를 가진다.

1. 청소년은 자신의 삶과 관련된 정책 결정 과정에 민주적 절차에 따라 참여할 권리를 가진다.

기철이의 하루 따라잡기

오영진

내 이름은 문기철이고 나이는 열두 살.
보통강 구역 ○○중학교 2학년 이지.
지금은 인민학교 때부터 해오던 소년단에서 활동하고
있지만 2년 후엔 청년동맹에 가입할거야.

사는 곳은 학교에서
걸어서 15분 거리에 있는
아빠트에 살고있어.

문기철!!!! 이 간나!
지금이 몇 시인데!!

찌르릉 찌르릉

아침마다 잠나라에서
날 깨우는 건 자명종 소리가
아닌 우리 오마니 목소리
라구...되게 크지...킥킥.

우리 집은 직장세대(맞벌이) 가정이라
아침이 더 바쁜 것 같아. 그런데도
오마닌 밥상 앞에서 꼭 한마디씩
잔소리(잔소리)하는 건 빼놓지 않으시지.

수학에 신경 좀 써야하지
않갔네!!

등교할 때는 교문 앞 집결지에서 같은 반
동무들이 다 모일 때까지 기다려.

날래
오라!

그리고 나서 동무들이
다 모이면 열 맞춰
노래를 부르며 등교를
한단다.

조선을 위하여 배우자!

요거이
요즘 동무들 사이에
류행하는
가로매기라는
거디...

수업은 오전 8시부터 시작이야.
수업 시작 전엔 독보회가 있는데 사상부위원장이
나와서 그날 신문이나 사설 등을 읽어주지.

오늘은
조선민주주의
인민공화국이
....

수업은 45분간이고 10분간 휴식시간을 갖지.
배우는 과목으로 혁명력사1(김일성), 2(김정일)
세계력사, 공산주의) 도덕, 조선력사, 국어, 수학,
외국어, 지리, 물리, 생물, 체육, 음악, 미술, 한문
등을 배우는데 고학년이 되면 혁명력사3(김정숙),
당정책, 화학, 컴퓨터, 그리고 논리학과 심리학도
배운다.

솔직히 난
수학이 젤
어렵다...

엇 둘

3교시가 끝나면 모두들 운동장에 모여
'업간체조'(쉬는 시간에 하는 체조)를 한단다.

오전 다섯 시간이 끝나면 점심시간이지.
그면 집이 먼 경우를 제외한 대부분 집에
가서 점심을 먹고 오지. 부모님이 바쁜 동무는
곽밥(도시락)을 싸 오기도 하시만 말야.
학생이든 선생이든 집에 가서 점심을 먹어야
하기 때문에 점심시간은 1시간 30분을 줘.

오마씨가 뭐
차려놓고 가셨나?

꼰부장국수(라면)
같은걸 먹으면
좋은데...

하루 수업은 6교시까지 하니까 점심 먹고 와서
1시간만 하면 수업은 다 마치는 셈이지.
하지만 난 소조활동을 하여야 하기 때문에
두세 시간 정도는 학교에 더 남아 기악소조
활동을 한단다.

어때
멋지지
않네...
각각

그리고 소조활동이
좋은 점은...
농촌지원활동을
빠질 수 있다는
거야...ㅋㅋ

내래 학급 꾸리기로
정신이 없는데 저거이
세상 편하게 놀구왔다간게.

야! 야!
내 앞에서
불평불만 늘어놓지
말라우!

총화시간에
젤 많이
지적당한
학생.

258

《평양 프로젝트》(창비, 2006)

:: 생각 키우기

1 기철이의 하루와 우리의 하루를 비교해 보고 비슷한 점과 다른 점을 찾아 보세요.

　　1) 비슷한 점 :

　　2) 다른 점 :

2 '북한' 하면 떠오르는 것들을 자유롭게 적어 보세요.

3 다음은 통일에 대한 국민 의식을 조사하기 위해 KBS 남북협력기획단이 기획하여 진행한 설문 조사 결과입니다. 이 결과를 참고하여 제시한 주제로 친구들과 토론해 보세요.

> 2010 국민통일의식조사
>
> － 조사 대상 : 전국 20대 이상 성인 남녀, 유효 표본 1007명.
> － 조사 방법 : 휴대전화 조사.
> － 조사 기간 : 2010년 8월 2일~3일.
>
> 북한의 정권에 대해 '반감을 느낀다'는 응답이 61.8%로 가장 많았음(매우 반감 31.9%+어느 정도 반감 29.9%). '그저 그렇다'는 중립적 입장은 26.0%였으며, '호감을 느낀다'는 응답은 12.2%였음(매우 호감 2.9%+어느 정도 호감 9.3%).

북한이 남한에 대해 어떤 상대라고 인식하는가에 대해서는 '경계 대상' (32.8%)이나 '적대 대상'(23.3%) 등 거리감을 느끼고 있는 응답이 56.1%로 많았음. '협력 대상'(21.7%) 또는 '지원 대상'(16.6%)이라는 응답은 38.3%였음. 한편, '경쟁 대상이다'는 5.6%였음.

통일 문제에 대해서는 전체 응답자의 76.5%가 '관심을 갖고 있는 것'으로 나타났음(매우 관심 27.4%+대체로 관심 49.1%). '관심이 없다'는 응답은 23.5% 였음(별로 관심 없음 20.9%+전혀 관심 없음 2.6%).

통일에 대한 인식은 '큰 부담만 없다면 통일이 되는 것이 좋다'(43.0%), '반드시 통일이 되어야 한다'(28.0%) 등 통일을 바라는 응답이 71.0%로 많았음. '교류 협력을 하면서 공존 상태 유지'(22.2%)나 '통일이 되지 않는 편이 더 낫다'(6.8%) 등 통일이 되어서는 안 된다고 인식하는 응답은 29.0%였음.

통일에 대한 우려 사항으로 '남한 주민의 막대한 통일 비용 부담'(40.4%)이 가장 많았음. 다음으로 '실업과 범죄 증가 등 사회적 혼란'(29.0%), '정치·군사적 혼란'(16.2%), '북한 주민의 대량 남한 이주'(12.5%), '국제관계의 혼선' (1.9%) 등의 순임.

KBS 남북협력기획단, '2010년 국민통일의식조사' (2010)

1) 남북통일이 필요하다고 생각하나요?

2) 북한은 협력 대상인가요, 아니면 적대 대상인가요?

3) 북한을 신뢰하나요?

4 다음은 연변 작가가 쓴 소설의 일부분입니다. 밑금 그은 말이 무슨 뜻일지 적어 보세요. 그리고 통일이 된다면 남과 북의 언어생활이 어떻게 바뀔지 생각해 보세요.

> 저녁상을 다 차리자 나는 <u>객실</u>에서 신문을 보시는 아버지를 불렀어요.
> 나에겐 나의 속타산이 따로 있었어요. 학부형 회의에 가신 어머니가 돌아오시기 전에 몸을 빼내려는 것이었어요. 내가 '<u>3호 학생</u>'이 못 되었다고 어머니는 나를 보기 바쁘게 핀잔을 줄 테니까요.
> (중략)
> 이때 벌컥 문이 열리더니 어머니가 돌아오셨어요.
> 어머니의 기색을 살펴보니 내가 예상한 대로였어요. 좋다면 온 얼굴에 웃음이요, 조금이라도 기분이 잡치면 눈살부터 꼿꼿해지는 어머니였으니까요.
> "늦었구려. 오늘 저녁은 우리 윤희가 혼자서 저녁을 다 짓고 저녁상까지 차렸다오. 지금 당신 오기를 기다리던 중이오."
> 아버지가 <u>정지간</u>으로 나오며 반죽 좋게 하시는 말씀이었어요.
> 어머니는 아버지 말씀엔 아무 응대도 없이 활활 옷부터 벗는 것이었어요.
> 나는 <u>숨이 한죽은해서</u> 벼락이 떨어지기만 기다렸어요.
> "그래, 우리 윤흰 어떻습데? 괜찮겠지?"
> 아버지는 저녁상에 마주 앉으며 내가 제일 두려워하는 소리를 끝내 꺼내고야 말았어요.
> "이 멍텅구리야! 글쎄 체육 때문에 '3호 학생'이 못 되다니! 내 원, 창피스러워서……."

정영석, 《나의 아버지》에서

• 객실 :

• 3호 학생 :

• 정지간 :

• 숨이 한죽은해서 :

세계를 깜짝 놀랜
한문책 한 권
– 《직지심체요절》의 진면모를 밝힌 박병선

문화재청

《직지심체요절》을 찾아내다

1967년, 프랑스 국립도서관 사서로 근무하던 박병선은 도서관 소장품 중에서 불경 《백운화상초록불조직지심체요절》 하권을 발견하고 깜짝 놀랐습니다.

우리가 보통 《직지심체요절》이라고 부르는 이 책은, 고려 말기의 고승인 백운화상 경한(1289~1374)이 부처와 여러 고승들의 법어*, 대화, 편지 중에서 중요한 내용만을 뽑아 상하 두 권으로 편찬한 책입니다.

당시 75세이던 백운화상은 노안에도 불구하고 이 책을 냈습니다. 책의 중심 주제인 '직지심체'는 '직지인심 견성성불'이라는 말에서 따온 것으로 '참선을 통하여 사람의 마음을 바르게 보면, 마음의 본성이 곧 부처님의 마음임을 깨닫게 된다'는 뜻입니다.

책의 끝부분에는 "고려 우왕 7년(1377) 7월 청주 흥덕사에

* 법어 | 정법을 설하는 말이나 불교에 관한 글.

서 금속활자로 찍어 널리 배포했다."고 분명히 적혀 있습니다. 1377년은 백운화상이 입적한 지 3년이 되는 해로, 제자 석찬과 달담이 비구니 묘덕의 시주를 받아 만들었습니다.

오랫동안 서양에서는 1450년경 독일의 구텐베르크가 금속활자를 처음으로 만들어 썼다고 알고 있었습니다. 그런데 이 책의 내용을 그대로 인정한다면, 우리 것이 70여 년이나 앞선 것이 됩니다. 박병선이 깜짝 놀란 것도 무리는 아닙니다.

세계를 깜짝 놀랠 만한 고서를 찾아내긴 했으나 동양의 한 작은 나라에서 온 도서관 말단 직원으로서 '이 책이 구텐베르크의 활자보다 73년이나 앞선 금속활자로 인쇄한 대한민국 책이오.'라고 섣불리 나설 수 없었습니다. 한국 학자들에게 얘기해 봐도, 콧방귀를 뀌며 헛소리한다는 말만 들었을 뿐입니다. 하여 그는 이 놀라운 사실을 널리 알리지 못하고 3년 동안이나 홀로 끙끙거려야 했습니다.

금속활자 인쇄본임을 증명하다

그 후 3년 동안 박병선은 자기 집에서 《직지심체요절》을 찍은 활자가 진짜 금속활자인지 증명하기 위해 외로운 그리고 피나는 노력을 기울였습니다. 우리나라의 인쇄 역사를 거의 몰랐기에 인쇄 기술에 관한 책을 찾아보려 했지만 그런 책은 없었습니다. 일본이나 중국의 인쇄술 관련 책은 여러 권 있어서 우선 일본어와 한문으로 된 책을 가지고 공부를 시작했습니다.

264

활자로 찍은 것과 목판으로 찍은 것은 딱 보면 금방 구분할 수 있습니다. 금속활자는 글자 칸의 자수가 똑같지 않기 때문입니다. 인쇄할 때 밀려서 글자가 위로 붙은 것도 있고 활자와 활자 사이에 공간이 없어 딱 붙은 것도 있습니다.

그런데 활자는 활자인데 그것의 재료가 금속인지 아닌지는 구별하기가 쉽지 않았습니다. 그것을 구별하기 위해 여러 재료로 직접 활자를 찍어 보았습니다. 감자나 나무, 진흙으로도 활자를 만들었습니다. 진흙으로 만들어 오븐에 구운 다음 찍어 봤더니 잉크 자국이 달랐습니다. 도자기를 굽듯이 열을 더 많이 줘야겠다고 생각해서 오븐 온도를 높여 오래 두었다가 뻥 하고 터지는 바람에 큰 사고가 날 뻔한 적도 있습니다. 그렇게 만든 것들을 하나씩 찍어 보니 육안으로는 다 비슷하였으나 사진을 찍어 확대해서 보니 조금씩 모양이 달랐습니다.

이런저런 연구 끝에 《직지심체요절》이 금속활자본일 가능성이 높다는 생각에, 인쇄소를 찾아가 옛날에 쓰던 금속활자들을 겨우 구해서 찍어 봤더니 《직지》와 거의 비슷했습니다. 가장 중요한 증거는 찍힌 모양이 똑같다는 것이었습니다. 금속활자는 글자 가장자리에 티눈 같은 것이 붙어 있었습니다. 글자 가장자리에 조그만 흠이 붙어 있었는데, 처음에는 잉크가 묻었나 했으나 그런 것이 자주 나와서 인쇄소에 들고 가서 물어보았더니 쇠붙이로 만든 물건은 그런 것이 붙어 나온다고 일러 주었습니다.

다양한 검증 작업을 통해 실험해 본 결과 박병선은 마침내 《직지》가 금속활자로 인쇄된 책임을 증명해 냅니다. 그는《직지심체요절》이 구텐베르크보다 70여 년이나 앞선 세계 최고의 금속활자 인쇄본이라는 연구 결과를 얻어, 1972년 프랑스 파리에서 열린 '세계 도서의 해' 기념 도서 전시회에서《직지심체요절》의 가치를 공인받을 수 있었습니다. 이 일은 세계의 출판 역사를 다시 쓰게 하는 획기적인 사건이 되었고,《직지심체요절》이 2001년 유네스코 세계기록유산으로 등재되는 쾌거를 이뤄 내는데 바탕이 되었습니다.

박병선은《직지심체요절》이 금속활자 인쇄본임을 고증하는 작업을 하면서 두 개의 박사 학위도 따냈습니다. 1971년 〈역사를 통해 본 한국 민속학〉으로 사학 박사 학위를 받았고, 이듬해 민속사에 관한 논문으로 두 번째 박사 학위를 받았습니다.

원산지와 소유국이 다르다

그런데 프랑스 국립도서관은《직지심체요절》을 어떻게 소장할 수 있었던 걸까요?

《직지심체요절》은 50~100권 정도 인쇄되어 사찰과 불교계 인사들에게 나누어진 것으로 추정됩니다. 상하 두 권으로 나뉘어 출간되었는데, 그중 하권 한 권이 1800년대 말에서 1900년대 초 주한 프랑스 공사를 지낸 콜랭 드 플랑시(Colin de Plancy, 1853~1922)에 의해 프랑스로 건너간 것입니다.

콜랭 드 플랑시와 그가 사랑한 조선의 궁중 무희 '리진(또는 리심)'의 이야기는 두 소설가에 의해 소설화되어 화제를 모으기도 했지요. 플랑시를 따라 최초로 프랑스 땅을 밟은 조선 여인 리진은, 나중에 플랑시를 따라 귀국한 뒤 금 조각을 삼켜 목숨을 끊었다고 합니다. 리진의 독특하고도 파란만장한 삶은 주목받을 만했습니다.

프랑스 함대가 강화도를 침범한 병인양요(1866) 사건으로 인해, 조선은 서구 열강 중에서는 가장 늦은 1886년 프랑스와 국교를 맺습니다. 이때 초대 주한 프랑스 공사로 부임한 이가 콜렝 드 플랑시입니다. 그는 이때부터 조선의 도자기와 고서를 수집하기 시작했고 서기관으로 부임해 온 모리스 쿠랑(Morice Courant, 1865~1925)에게 《한국 서지》*를 쓰도록 권유하기도 합니다. 또 조선에 체류하는 3년 동안 많은 책을 수집해 프랑스로 보냈습니다.

그 후 5년간 일본에서 근무하다가 다시 조선으로 파견되어 1896년부터 10년간 체류하면서 고서적 수집에 열중했는데, 《직지심체요절》 하권도 이때 손에 넣은 것으로 추정됩니다. 하권은 39장으로 이루어져 있는데, 첫째 장은 없어지고 2장부터 39장까지 모두 38장만 존재합니다.

플랑시는 임기를 마친 후 그동안 수집했던 고서와 도자기들을 프랑스로 가지고 갔고, 《직지심체요절》은 1911년 경매장에서 골

• 《한국 서지》| 프랑스의 동양학자 쿠랑이 지은 한국 서지 목록.

동품 수집가인 앙리 베베르(Henri Vever, 1854~1943)에게 180프랑
에 팔립니다. 《직지심체요절》이 프랑스 국립도서관에 기증된 것
은 베베르의 유언에 따른 것입니다. 1950년 프랑스 국립도서관
에 기증된 《직지심체요절》은 귀중본으로 분류되어 현재까지도
단독 금고에 보관되어 있습니다.

박병선이 발견한 《직지심체요절》은 세계 최고의 금속활자 인
쇄물로 공인받았지만, 세계기록유산으로 등재되기까지는 우여
곡절이 있었습니다.

1998년 문화재관리국(현 문화재청)은 유네스코에 《직지심체
요절》의 세계기록유산 등재 신청을 하였습니다. 그러나 이는
1999년 오스트리아 빈에서 개최된 '제4차 유네스코 세계기록유
산 자문회의'에서 안건으로 상정되지도 못했습니다. 《직지심체
요절》이 한국에서 간행되기는 했지만, 보관은 프랑스에서 하고
있기 때문입니다. 쉽게 말해 원산지와 소유국이 다르다는 것입
니다. 유네스코에서는 프랑스와 공동 신청할 것을 권유했는데,
프랑스 국립도서관의 거부로 무산되었습니다.

다행히 2001년 청주시에서 '제5차 유네스코 세계기록유산 자
문회의'를 유치했고, 이때 안건으로 상정되어 세계기록유산으로
등재될 수 있었습니다.

《수난의 문화재 이를 지켜 낸 인물 이야기》 (눌와, 2008)

:: 생각 키우기

1 박병선 박사는 다양한 검증 작업을 통해 《직지심체요절》이 금속활자로 인쇄된 책임을 증명해 냈습니다. 이로 인한 쾌거는 무엇인가요?

2 《직지심체요절》이 프랑스로 건너간 과정을 정리해 보세요.

> 1886년 한불수호통상조약이 체결된 후 초대 주한 프랑스 공사로 부임한 콜렝 드 플랑시가 우리나라에 근무하면서 고서 및 각종 문화재를 수집하였는데, 그 속에 《직지》가 포함되어 같이 프랑스로 넘어감.

⋮
↓

⋮
↓

3 다음 표는 해외에 반출된 우리 문화재 현황입니다. 이 표를 보고 느낀 점을 적어 보세요.

소장국	수량(점)	주요 소장처
일본	3만 4331	도쿄국립박물관 등
미국	1만 6964	스미스소니언 프리어 미술관 등
영국	6610	영국박물관 등
독일	5221	함부르크민속박물관 등
러시아	1603	동양예술박물관 등
프랑스	2121	국립기메동양박물관 등
중국	1434	랴오닝성박물관 등
덴마크	1240	덴마크 국립박물관 등
캐나다	1080	로열온타리오박물관 등

4 다음 글은 다른 나라에 넘어간 자국 문화재를 되찾기 위해 외국은 어떻게 하고 있는지를 보여 주고 있습니다. 이 글을 참고하여 우리 정부에 적극적인 대책 마련을 촉구하는 의견서를 써 보세요.

"서구가 아시아 문화재 보호(?)" … 해외 떠도는 우리 유물

중국과 이탈리아, 그리스 등 주요 고문화재 출토국이 최근 불법 미술품 거래에 대한 규제를 강화한 국제법 등에 의거해 반환 작업을 가속하고 있다. 《뉴욕타임스》는 이런 움직임과 관련, "문화재 피탈국들의 적극 회수 움직임으로 서구 유명 전시·박물관들이 몸살을 앓고 있다."라고 보도했다.

중국의 움직임이 두드러진다. 중국 정부는 지난해 4월 '문화재 보호 계획'을 발표하고 각국에 불법 유출된 문화재 반환을 요구하고 있다. 이 같은 노력으로 지금까지 5만여 점을 되찾았다고 《인민일보》가 보도했다. 중국의 문화재 환수는 가장 확실한 방법인 매집을 통해 주로 이뤄진다. 중국 정부는 '해외 유출 문화재 구원 전문 기금'으로 정부 재단과 국영기업, 국립박물관 등을 통해 문화재를 사들이고 있다. 세계적인 명성의 뉴욕 크리스티 경매장의 경우 출품된 중국 고미술품의 25%가 중국으로 넘어갈 정도다.

이탈리아는 10여 년간 추적 끝에 미국 5대 박물관으로 꼽히는 로스앤젤레스의 폴 게티 박물관 고대 미술 담당 큐레이터를 문화재 불법 취득 혐의로 고발했다. 세계적인 박물관 큐레이터가 작품 구매 행위로 외국 정부에 의해 기소된 것이 사상 처음인 데다 이번 재판 결과가 프랑스 루브르와 대영박물관 관장·큐레이터에게도 미칠 것으로 보여 각국 정부가 촉각을 곤두세우고 있다.

이집트도 유출 문화재 되찾기 총력전에 들어갔다. 이집트 문화재최고위원회(SCA) 자히 하와스 사무총장은 지난해 "불법·부당하게 해외로 유출된 중요 문물을 되찾기 위해 국가적 캠페인을 조직할 것"이라며 비슷한 처지의 다른 나라에도 공동 보조를 제안했다. 이집트는 이미 영국박물관의 로제타석과 프랑스 루브르박물관의 덴데라 사원 12궁도 등의 반환을 요구한 상태다.

《세계일보》 2006년 1월 7일

5 《직지심체요절》을 세계에 알리는 '직지 축제'를 개최하고자 합니다. 사진이나 연대표 등 다양한 자료를 활용하여 직지 축제를 알리는 행사 포스터를 만들어 보세요.

예시	
행사 포스터	

영어에 주눅 든 한국인들

홍세화

나의 장모님은 프랑스 땅에서 눈을 감으셨다. 78세에 오셔서 15년 동안 우리들 뒤치다꺼리만 하시다가 93세에 돌아가셨다. 지금은 집에서 걸어서 20분 거리인 쿠르브부와 동네 공동묘지에서 프랑스 사람들을 이웃 삼아 쉬고 계신다.

장모님 생각을 하면 착잡한 감정이 앞선다. 장모님은 특히 한마음으로 아이들을 사랑해 주셨지만 아이들은 커 갈수록 시큰둥했고 어떤 때는 할머니의 존재를 귀찮아하기도 했다. 그랬지만 할머니의 존재는 집안에 하나의 불문율*을 만들어 주었다. 식구 사이에 프랑스말로 말을 걸 수 없다는 규칙이다.

나중에 프랑스말 단어를 사용하는 것은 어쩔 수 없다 하더라도 첫 마디는 한국말이어야 했다. 여기에는 아내의 강한 집념도 있었다. 학교에서 돌아온 아이가 무심코 "재팽!(J'ai faim!)"이라고 하면 못 들은 척했고, "나 배고파!" 소리가 나와야 밥을 차렸다.

* 불문율 | 불문법과 같은 말. 문서의 형식을 갖추지 않은 법.

그래서 우리 집안의 사전에는 '마마', '파파' 혹은 '마미(할머니에 대한 애칭)' 같은 말은 없었다.

장모님에 대한 추억은 거의 쓸쓸한 것이지만 즐거운 내용도 없지 않다. 집에 마실 온 젊은이들이 장모님 앞에서 담배 피우길 꺼리는 듯하면, "어서 피워요! 담배도 먹는 거니까."라고 말씀하셨던 일이나 "내가 유관순 누나하고 동갑이거든. 그러니까 나보고 할머니라고 부르지 말고 누나라고 불러요." 하셨던 일도 그중의 하나이다.

또 한 가지 재미있었던 추억은 프랑스 사람과 대화를 나누셨던 일이다. 장모님은 물론 프랑스말을 단 한마디도 못하셨다. 그런데 대화를 나누셨다.

초가을 오후 늦게 동네 마당 벤치에 앉아 따뜻한 석양을 즐기고 있을 때였다. 그 동네 마당은 작은 동네 묘지의 입구에 있었다. 오후 여섯 시가 되자, 묘지 관리인이 호각 소리로 방문객들에게 시간이 다 되었음을 알린 뒤 묘지 출입문을 잠그고 총총히 사라졌다.

그때 노란색 국화 화분을 양손으로 안고 50여 세 된 부인이 부리나케 다가왔다. 문이 닫혀 있으니 낭패할밖에. 그 부인은 하필이면 장모님께 다가갔다. "문이 닫혔네요?", "응, 조금 아까 닫았어요. 일하는 사람이 문 닫고 저리 갔어요." 장모님은 닫힌 문을 가리켰고 이어서 관리인이 사라진 쪽을 가리켰다. 또 이어 손목을 가리키며, "여섯 시에 문을 닫아요. 다음에는 조금 일찍 와요."

라고 말씀하셨다. 부인은 "아, 그렇군요. 고맙습니다, 마담!" 하고 왔던 길로 사라졌다.

가까이에서 그 모습을 지켜보던 우리들의 입이 '헤' 벌어졌다. 프랑스말과 한국말이 교차하면서 의사소통이 완벽하게 된 것도 재미있었지만, 그보다는 가까이 있던 우리를 찾지 않고 한국말을 계속한 장모님의 천연덕스러움이 더 재미있었다. 그때의 장모님 모습은 지금 돌이켜 보아도 웃음이 저절로 나온다.

장모님은 마당에서 놀던 흑인 아이가 넘어져 울면 다가가, "아이구, 넘어졌구나. 어디가 아프니? 울지 마라." 하셨다. 그러면 아이가 금방 울음을 그쳤다. 모습도 신기한 할머니였고 말도 처음 듣는 말이었기에 호기심이 아픔을 쫓아낸 것이다. 장모님은 용빈이를 찾는 전화를 나나 아내에게 넘겨주시지 않았다. 용빈이가 있을 때는 용빈이에게 넘겼고 용빈이가 없을 때는 "용빈이? 용빈이, 지금 나갔어!" 하곤 끝내셨다. '나갔어!'를 '마가쟁(magasin, 가게)'으로 알아들은 용빈이 친구가 이튿날, "용빈아, 너 어제 가게에 가서 뭐 샀니?" 하고 물은 적도 있었다.

장모님의 한국말에 관한 천연덕스러움과 당당함은 어디에서 오는 것일까? 장모님이 섰던 자리에 한국의 젊은이가 있었다면 어떤 반응을 보였을까? 틀림없이 그는 노란 국화 부인이 말을 걸었을 때는 가까이 있던 우리를 찾든지 잘 못하는 영어로 더듬거렸을 터이고(어차피 그 부인에겐 영어나 한국말이나 못 알아듣긴 마찬가지다.), 용빈이에게 온 전화는 아무 대꾸 없이 우리에게 넘겼

을 것이다. 장모님과 한국 젊은이의 차이는 오늘날 한국 사회에
스며들어 있는, 영어에 대한 지나친 강박관념*과 한국말에 대한
열등의식을 보여 주고 있는 것은 아닐까?

"프랑스 사람들은 왜 그렇게 영어를 못하는 거요? 도대체 말
이 통해야지!"

파리에 관광 온 한국인 중에 이렇게 투덜거리는 사람을 종종
볼 수 있다. 또 어떤 사람은, "프랑스 사람들은 영어를 알아듣고
도 프랑스말로 대답하는 것 같다. 프랑스말에 대한 자존심이 세
서 그런가?"라는 말을 하기도 한다. 나는 그렇게 말하는 한국인
들이 영어를 잘하는지 알 수 없지만, 그렇다고 군이 '영어 잘하
느냐?'고 묻지 않는다.

실제로 프랑스인들은 영어를 잘하지 못한다. 일부 지식인과
문화인, 정치인, 무역에 종사하는 사람들 그리고 고급 호텔 종사
자를 뺀 나머지 사람들과는 영어 소통이 어렵다고 생각해야 한
다. 예를 들면, 노트르담 대성당이나 몽마르트르 언덕 등 관광
명소 가까이 있어서 주로 외국인을 상대하는 가게에서도 '필름
(프랑스말로 펠리퀼)'이나 '아이스크림(프랑스말로 마로 글라스)'을 알
아듣는 점원은 드물다. 파리의 관광지가 이 지경이니 지방은 더
말할 것도 없다.

그런데 영어로 길을 물었을 때, 프랑스말로 대답하는 이유는
영어를 전혀 못 하거나 영어가 짧기 때문일 뿐이다. 잘못 알려진
것처럼, 영어를 특별히 싫어해서도 아니고 프랑스말에 대한 자

존심이 강해서도 아니다. 질문을 알아들었지만 영어로 대답할 능력까진 안 되는 경우도 있고, 또 영어를 전혀 모르는 사람이 그 질문을 눈치채고 친절하게 가르쳐 주는 경우도 있다.

파리의 어디서나 아무나 붙잡고 "오페라는 어디 있소?"라고 영어로 물었을 때를 상상해 보자. 상대방은 '오페라'라는 말만으로도 질문 내용을 알 수 있다. 우리와 다른 점은, 우리는 꼭 영어로 대답해야 한다는 '무의식의 짐'을 스스로 지고 있어서 한국말로 대답할 생각조차 없는 반면에, 프랑스 사람들은 '당연히' 프랑스말로 대답하는 것이다.

영어를 잘하는 프랑스 사람은 구사할 기회가 생기면 영어 잘한다는 것을 자랑하고 싶어서라도 영어로 말한다. 그래서 나는 프랑스 사람과 희한한 대화를 꽤 여러 번 경험했다. 나는 프랑스말을 계속 사용하는데 상대방은 계속 영어를 사용하는 것이다. 하긴 내 프랑스말이 시원치 않은 까닭도 있겠다. 영어와 프랑스말이 교차하는 것인데, 위에서 말한, '영어로 물었더니 프랑스말로 대답하더라.'와 정반대이다. 그러므로 프랑스인들이 한국인에게서 영어가 안 통한다고 불만 섞인 불평을 들어야 하는 이유를 따지고 보면 영어 잘하는 프랑스 사람이 적다는 것밖에 없다.

《쎄느강은 좌우를 나누고 한강은 남북을 가른다》(한겨레출판, 2008)

• 강박관념 | 마음속에서 떨쳐 버리려 해도 떠나지 아니하는 억눌린 생각.

:: 생각 키우기

1 바탕글에서 장모님과 관련된 일화들을 찾아 정리해 보고, 그것에 대한 여러분의 생각을 덧붙여 보세요.

장모님과 관련된 일화들	나의 생각

2 외국인이 다가와 길을 묻는다면 여러분은 어떤 생각과 행동을 할지 적어 보세요. 그리고 여러분의 행동과 바탕글 속 장모님의 행동을 비교해 보세요.

외국인이 다가왔을 때 드는 생각	어떻게 행동할까?	나의 행동 vs 장모님의 행동

3 다음 글을 참고하여 우리나라 언어 사용에 대해 친구들과 토의해 보세요.

> 프랑스에는 프랑스 자국어 보호법을 '뚜봉법(Loi Toubon)'이라고 부르며 1994년 8월에 제정되었습니다. 당시 문화부 장관이던 자끄 뚜봉(Jacques Toubon)의 이름을 따서 뚜봉법이라고 불리게 되었는데요. 이 법은 프랑스 내의 모든 상품이나 서비스 광고(지면 광고, 음성 광고, 영상 광고……)는 반드시 프랑스어를 사용해야 하고 만일 외국어 광고인 경우에는 프랑스어로 번역한 문장을 병행하여야 한다고 명시하고 있습니다.

4 다음 글에서 밑금 그은 부분이 어떤 의미를 담고 있는지 생각해 보고, 100년 뒤 우리의 언어생활이 어떻게 바뀔지 상상해서 글을 써 보세요.

> "이런 위기는 언어의 소멸에서 가장 극명하게 드러난다. 역사를 통틀어 대략 1만 개의 언어가 존재했다. 오늘날 약 6000개의 언어는 여전히 쓰이고 있으나 상당수는 어린이들에게 가르쳐 주지 않는 것들이다. 사실상 이미 죽은 것이다. 100만 명 이상이 사용하는 언어는 300개뿐이다. 한 세기가 지나면 오늘날 세계에서 사용되는 언어의 절반은 소멸될 수 있다. …… 언어의 소멸은 생물학적인 비유를 통해서도 설명할 수 있다. 어떤 종이 소멸하는 것은 새로운 종이 탄생하는 것과 균형을 이룰 때는 정상적인 현상이다. 하지만 인간의 활동 때문에 파도처럼 밀어닥치는 지금의 멸종 현상은 전례가 없는 것이다. 언어는 문화나 생물 종과 마찬가지로 언제나 진화한다. 하지만 오늘날 언어의 멸종은 한두 세대 안에 일어날 정도로 지나치게 빠르게 진행되고 있다. MIT의 켄 헤일 교수는 '언어를 잃는 것은 루브르박물관에 폭탄이 떨어지는 것과 같다'고 말한다. 언어가 사라지면 문화도 죽는다. 그러면 세계는 본질적으로 덜 재미있는 곳이 된다. 뿐만 아니라 우리는 날 것 그대로의 지식과 수천 년 동안 쌓아 온 지적 성취를 희생시켜야 한다."

《렉서스와 올리브나무》 (21세기북스, 2009)

5 다음 기사를 읽고 자랑스러운 우리말을 알리기 위한 포스터를 만들어 보세요.

한글이 소수민족 언어 지킨다

"찌아찌아 문화가 사라지지 않게 돼서 이젠 행복합니다."

인도네시아 부톤 섬의 초등학교 교사인 아비딘은 교과서에 있는 한글을 조심스럽게 칠판에 적은 뒤 수업 중인 4학년 학생들에게 토착어인 찌아찌아어로 어떻게 읽는지를 물었다. 학생들은 일제히 "나는 생선을 먹는다."라고 답했다.

이들은 3500마일이나 떨어진 한국에 대해 아는 것이 별로 없다. 몇 달 전까지만 해도 한국인을 만나 본 적도 없고 교실 벽에 붙은 지도에서 한반도를 찾는 것도 여전히 어려워한다.

하지만 부톤 섬은 문자가 없는 토착어를 지키고 보존하기 위해 이를 표기할 문자로 한글을 채택하고 학생들에게 한글을 가르치고 있다.

《월스트리트저널》은 11일 인도네시아의 소수민족이 사라져 가는 토착어를 지키려고 한글을 사용하기로 했다면서 '한글섬'의 사연을 소개했다.

신문은 한국인들이 1400년 전 세종 대왕이 발명한 한글에 대해 대단한 자부심을 갖고 있다면서 한자와 알파벳에 대항해 한글의 해외 진출을 모색하고 있다고 전했다.

언어는 있지만 문자가 없어 고유의 언어 자체가 사라질 위험에 처한 소수 민족들이 타깃이 되고 있다.

《연합뉴스》 2009년 9월 12일

책읽기는 밥이다

서재호

대부분의 사람들은 밥을 좋아한다. 그리고 나 역시 밥을 좋아한다. 나는 뭐든지 할 때 배가 부르고 시작하는 것을 좋아한다. 지금도 밥을 배불리 먹고 이 글을 쓰고 있다. 배가 불러서 그런지 잠이 슬슬 몰려오고 있다. 그렇지만 이 정도는 많은 경험으로 인해 이겨 낼 수 있을 정도로 숙달이 됐다.

어느 날 문득 밥을 왜 좋아하게 될까를 생각하게 됐다. 우리가 참기 힘든 욕구 중 한 가지가 식욕이다. 그 식욕을 없애기 위해서는 식사를 해야 한다. 그중에서도 밥은 우리 식사에서 기본이 되는 음식이다. 밥이 없어서는 식사라는 단어가 말이 안 된다. 아무리 많은 반찬이 있더라도 밥이 없으면 이상 식단이 된다. 더 나아가 밥이 없으면 아예 식사를 안 한다. 요즘처럼 패스트푸드가 늘어나는 시기에도 밥은 중요한 음식이다. 패스트푸드도 밥의 재료인 쌀로 만들어진 음식들도 많다. 이처럼 밥도 시대에 맞추어 변해 가고 있다. 그럼에도 밥이라는 본질은 변하지 않는다. 그리고 밥은 산, 강, 집, PC방 여러 어느 장소에서 먹어도 이상하지 않은 음식이다. 거지, 대통령, 범죄자, 경찰 등등의 어느 누구나 밥을 먹는다. 이렇게 여러 신분들의 사람 누구나 밥을 먹는다. 그리고 이것을 가지고 뭐라고 하는 사람들도 없다.

책읽기도 밥과 비슷한 경향이 많다. 밥은 어디를 가서도 흔하게 볼 수도 있고, 구하기 쉽다. 책도 어느 장소를 가든 흔하게 볼 수 있어 사람들은 책을 어디서나 읽곤 한다. 우리가 밥을 먹으려고 맘만 먹는다면 언제든지 먹을 수 있듯이, 책읽기도 우리가 맘만 먹는다면 언제든지 할 수 있다. 밥을 왜 먹으려고 하는 걸까? 그건 그냥 배가 고파서일 것이다. 딱히 이유를 찾으려 하지 않는다. 군이 이유를 찾는다면 살기 위해서일까? 책도 마찬가지이다. "책을 왜 읽을까?"라는 질문에는 '그냥 읽는다.'는 답이 많다. 어느 누가 "이성을 가지고 생각을 하지 않는다면 사람이 아니라 동물"이라고 말했었다(누가 그랬는지는 잘 기억이 안 나지만……). 그래서 우리는 생각이라는 것을 하고 산다. 그 이성적인 생각을 가지기 위해서는 책을 읽어야 하고 생각을 발전시키는 것도 책이다.

둘째, 둘 다 기초라는 것이다. 밥은 식단에서 없어서는 안 될 기초이다. 밥이 있으므로 식사를 더 맛있게 하는 것이다. 책도 밥과 마찬가지로 모든 학문의 기초가 된다. 나의 경험을 바탕으로 예를 들어 보겠다. 우선 참고로 나는 책을 많이 읽는 학생이 아니다. 일 년에 두 권 정도 읽는다(판타지를 빼고 말하는 거다). 나는 고등학교 때 모의고사 언어 영역 점수를 올리기 위해 문제지만 계속 풀었지만 3등급 이상의 점수를 낸 적이 한 번도 없다. 그런데 억울하게 문제집을 한 번도 풀어 본 적도 없는 내 친구는 1등급을 맞곤 했다. 그래서 자존심은 상하지만 친구에게 "언어 점수 어떻게 하면 잘 나와?" 하며 물어봤었다. 그 친구가 하는 말이 "어려서부터 책을 많이 읽었다."는 것이다. 그 소리를 듣고 난 좌절하고 말았다. 나를 더 좌절하게 하는 말이 있었다. 그 말은 책읽기가 문제에서 실수를 덜 하게 할 수 있는 법이라고 한 말이다. 나는 그 이유를 친구에게 물어봤다. 그 친구는 내가 책을 많이 읽지 않는다는 것을 알고 있었다. 그 친구가 나에게 "너 혹시 문제 이해를 못 하거나 문제를 잘못 읽어서 틀린 적 없냐?" 물어본 것이다. 나는 그렇다고 했다. 그 친구는 나에게 "봐 봐 그게 독서 부족이야."라고 했다. 나는 그 소리를 듣고 날벼락 맞는 느낌이 들었다. 잘못 읽어서 틀린 문제들이 많아서……. 이처럼 책읽기는 모든 학문에 기초가 되면서 학생들에게 성적 향상을 하는 데 도움이 된다.

셋째, 밥과 책은 일상생활에서 떼려야 뗄 수 없는 관계에 놓여 있다. 외국에서는 밥을 먹지 않고 감자나 옥수수, 고기 등을 먹는다. 그러한 예를 들어서 밥을 대체할 수 있는 다양한 식품이 있기 때문에 꼭 밥이 필요한 것은 아니라고 이야기하는 사람들도 찾아볼 수 있다. 하지만 실상은 위의 이야기와는 많이 다르다고 볼 수도 있다. 외국에 〈슈퍼 사이즈 미〉라는 다큐멘터리 영화가 있다. 이미 많은 사람들이 알고 있을 것이다. 이 영화에서 주인공은 30일 동안 삼시 세끼 패스트푸드만을 먹는 실험을 한다.

특히 매끼마다 슈퍼 사이즈 세트 메뉴를 먹는 것이 이 실험의 조건이다. 영화에서는 이 실험이 힘들게 성공을 했다고 한다. 하지만 그 후유증은 실로 엄청났다. 체중 증가는 물론 각종 질병까지……. 의사들이 이 실험을 중단할 것을 수없이 권유하기도 했던 위험한 실험이다. 우리나라 사람도 이러한 실험에 도전을 했지만, 얼마 못 가 포기하고 말았다고 한다. 우리는 이 실험에서 작지만 큰 것을 깨달을 수 있을 것이다. 많은 사람들이 밥 대신 다른 것들로 끼니를 채울 수 있다고 주장하지만 이것은 틀린 말이란 것을 말이다. 아주 짧은 시간은 대체할 수 있겠지만 우리에게는 밥이 필요하다. 결국 이 실험은 우리는 밥을 먹지 않고는 살기 힘들다는 것을 보여 준다.

책도 밥과 별반 다르지 않다. 밥을 안 먹고 다른 것들만 먹을 경우에는 몸이 힘들어지고 육체적 질병에 시달리겠지만 책은 그렇지 않다. 다만 책을 읽지 않았을 경우에는 정신적으로 메마른 삶을 살 수도 있고, 세상에서 얻을 수 있는 지식 부족으로 삶이 힘들어질 수도 있다. 나는 이런 것을 정신적 질병이라고 말하고 싶다. 육체적 질병 또한 매우 힘든 일이지만 정신적 질병도 만만치 않게 힘든 병이다. 책은, 특히 시집과 같은 경우 그 단어 단어의 이어짐들은 우리에게 커다란 정신적 안정과 풍요로움을 선사해 줄 때가 많다. 또 책 속에서는 우리가 경험하지 못했던 많은 것들을 담아 우리에게 선물해 줌으로 인해 세상을 먼저 배우고, 살아감에 있어 편리하게 하여 준다. 이처럼 책은 우리의 정신적 메마름을 막아 주고 삶을 영위해 나갈 수 있도록 해 준다. 그러므로 책은 우리가 세상을 사는 데 가장 필요한 몇 가지라고 나는 생각한다.

넷째, 밥은 하얀 쌀밥만 있는 것이 아니다. 쌀밥도 있고 콩밥도 있고 현미밥도 있다. 그 외에도 밥은 무수한 종류가 있다. 책에도 다양한 장르와 많은 주제가 있다. 우리는 하얀 쌀밥만 먹고 살지 않는다. 그리고 책도 한 종류만 읽는 것이 아니다. 우리는 다양한 종류의 밥을 먹으면서 다양한 종류의 영양소를 섭취하고, 그럼으로 우리는 건강한 몸을 유지한다. 책도 마찬가지다. 위에서 말했듯이 책은 정신을 배부르게 한다. 우리가 다양한 장르, 많은 주제의 책을 접함으로써 우리의 정신은 건강해질 수 있는 것이다. 콩밥을 먹으면서 콩을 골라내고 밥만 먹는 것은 다양한 영양소를 포기하는 것이나 마찬가지다. 책 또한 책을 읽으면서 읽기 싫은 부분을 빼놓고 읽는다면 그것은 진정한 책읽기가 아닐 것이다. 밥을 편식하여 먹지 않듯이 책도 편식하지 않는 것이 중요할 것이다.

현대에서 우리에게 필요한 정보는 책이 아니라 인터넷과 같은 디지털 매체일 것이다. 하지만 디지털 매체는 정보를 왜곡하기가 쉽다. 그래서 인터넷으로만 지식을 찾는 사람들은 왜곡된 지식을 가지고 있는 사람들이 많다. 이러한 것처럼 우리가 확실한 정보를 가지기 위해서는 책읽기가 필요하다. 그리고 현대 문명이 발전함에 따라 점점 책에 대한 관심이 줄어들고 있다. 그럼에도 책읽기가 기초가 되는 것은 바뀌지 않는다. 인터넷이 아무리 발전해도 그곳에 있는 지식들도 책읽기에서 나왔다. 디지털 매체를 확실히 사용하고 정확한 정보를 찾기 위해서 책읽기가 필요하다. 이처럼 책읽기는 세상 살아가는 데 남들보다 유리하게 만들어 준다. 유리하게 되다 보면 세상이 발전하게 된다. 책읽기는 우리 세상의 발전을 이끌어 가고 있다고 할 수 있다.

《책읽기의 달인, 호모 부커스 2.0》(그린비, 2009)

:: **생각 키우기**

1 바탕글을 읽고 '밥'과 '책읽기'를 비교해 보세요.

밥	책읽기
어디를 가서도 흔하게 볼 수도 있고 구하기도 쉽다.	
	모든 학문의 기초가 된다.
먹지 않고는 살기 힘들다.	

2 이 글의 제목을 재미있게 바꾸어 보고, 그렇게 바꾼 이유를 적어 보세요.

• 제목 : 책읽기는 _____ 이다.

• 이유 : 왜냐하면 _____ 때문이다.

3 바탕글을 참고해서 판타지 소설이나 만화책만 보는 친구에게 해 줄 수 있
  는 충고의 말을 적어 보세요.

4 책읽기와 관련된 유명 인사들의 명언을 읽어 보고, 여러분도 '나만의 명언'
  을 만들어 보세요. 그리고 그 명언이 뜻하는 바도 말해 보세요.

  안중근   하루라도 책을 읽지 않으면 입안에 가시가 돋는다.
  에머슨   보기 드문 지식인을 만났을 때는 그가 무슨 책을 읽는가를 물어보아야한다.
  볼테르   아무리 유익한 책이라 할지라도 그 가치의 절반은 독자가 창조한다.
  R. 스릴 경   독서와 마음의 관계는 운동과 육체의 관계와 같다.

  • 나만의 명언 :

  • 의미 :

5 다음 글을 참고하여 독서의 필요성을 주장하는 글을 써 보세요.

대한민국 성인, 10명 중 3명은 1년 동안 책 한 권 안 읽는다

문화체육관광부가 국민의 독서 환경의 문제점을 파악하여 바람직한 독서
진흥정책을 수립하기 위해 '2009 국민독서실태조사'를 실시하여, 결과를
발표했다.

이번 조사는 전국 만 18세 이상 성인 1000명과 청소년 3000명을 대상으
로 가구 방문을 통한 개별 면접 조사와 학교 방문을 통한 설문 조사로 실시
되었다.

결과에 따르면 1년 혹은 1학기 동안 1권 이상의 일반 도서를 읽은 사람의
비율을 나타내는 독서율은 성인 71.7%, 학생 93.7%로 조사되어 성인 10명
중 3명 정도는 1년 동안 1권의 책도 읽지 않는 것으로 나타났다. 이는 성인
의 경우 작년 72.2%보다 소폭 하락한 수치이며, 청소년의 경우 작년 89.1%
에 비해 소폭 증가했다. 성인의 독서량은 이처럼 줄어든 데 비해 학생의 독
서량은 1994년 조사 이래 가장 많은 독서량을 기록하였다.

한편 성인의 독서 시간은 평일 28분, 주말 29분(전년 대비 1분 감소), 학생
은 평일 45분, 주말 50분(전년 대비 2~4분 증가)인 것으로 조사되었다. 여가
활용 시 독서의 비중은 성인의 경우 7순위, 초등학생의 경우 4순위, 중학생
6순위, 고등학생 8순위로 나타나 학교 급이 높아질수록 여가 활동에서 독
서의 비중은 낮아지고 텔레비전, 인터넷, 신문, 수면, 모임, 운동, 영화, 음악
등 다른 여가 활동의 비중이 높아지는 것으로 드러났다.

문화체육관광부는 이 조사를 토대로 추후 국민들의 독서 진흥 정책을 수
립할 예정이다.

문화체육관광부, 2010년 2월 2일

강양구 인터넷 언론《프레시안》에서 과학·환경 담당 기자로 일하고 있습니다. 주로 과학기술과 언론, 과학기술과 환경 등 과학기술과 사회의 관계를 깊이 성찰하면서 한국 사회를 바꾸고자 하는 이들의 목소리를 널리 알리는 데 관심이 많습니다.《햇살이와 까망이》,《밥상 혁명》(공저),《아톰의 시대에서 코난의 시대로》같은 책을 썼습니다.

고지훈 국사편찬위원회 편사 연구사이며 '역사문제연구소' 연구원으로 활동하고 있습니다. 주로 '주한 미군정'에 관해 연구하고 있으며,〈건국을 바라보는 두 가지 시선-엘리트와 민중〉,〈1962년 증권 파동과 엘리트 연합〉같은 논문과《현대사 인물들의 재구성》같은 책을 썼습니다.

공선옥 여성의 질긴 생명력과 모성을 섬세하면서도 생동감 넘치는 언어로 그려 내는 소설가입니다. 소설집으로《명랑한 밤길》,《내 생의 알리바이》,《피어라 수선화》등이 있고, 장편소설로《영란》,《내가 가장 예뻤을 때》,《수수밭으로 오세요》,《오지리에 두고 온 서른 살》등이 있습니다.

권혁범 고려대학교 정치외교학과를 졸업하고 미국 매사추세츠대학교 대학원에서 정치학 석사 및 박사 학위를 받았습니다. 대전대학교 정치언론홍보학과 교수로 있으면서 '성과 문화의 정치학', '환경 평화 정치론' 같은 과목을 가르치고 있습니다.《민족주의는 죄악인가》,《국민으로부터의 탈퇴》,《우리 안의 파시즘》(공저) 같은 책을 썼습니다.

문화재청　선조들이 물려준 소중한 문화유산을 온전하게 보존하여 후손에게 전승하는 것은 물론 이를 잘 활용함으로써 국가 발전의 원동력으로 삼기 위한 다양한 시책을 펴 나가는 일을 하는 정부 기관입니다.

박경화　낮은 산과 들판이 있는 경북 예천의 시골 마을에서 어린 시절을 보냈습니다. 환경단체인 '녹색연합'에서 활동했고, 생태환경 잡지인《작은 것이 아름답다》를 만들었습니다. 지금은 서울 성미산 자락에서 환경과 생태에 관한 글을 쓰고 있습니다.《고릴라는 핸드폰을 미워해》,《도시에서 생태적으로 사는 법》같은 책을 썼고,《산골마을 작은학교》(공저)를 펴냈습니다.

박노자　러시아 상트페테르부르크에서 태어났습니다. 상트페테르부르크 국립대학교 동방학부 조선학과를 졸업하고 모스크바 국립대학교에서 고대 가야사 연구로 박사 학위를 받았습니다. 2001년 이름을 박노자로 바꾸고 한국인이 되었습니다. 현재 노르웨이 오슬로대학교 한국학 교수로 일하고 있습니다.《거꾸로 읽는 고대사》,《씩씩한 남자 만들기》,《왼쪽으로, 더 왼쪽으로》,《당신들의 대한민국 1, 2》같은 책을 썼습니다.

박영희　1962년 전남 무안에서 태어났습니다. 1985년 문학 무크《민의》3집에 시〈남악리〉등을 발표하면서 작품 활동을 시작했습니다. 시집으로《조카의 하늘》,《해 뜨는 검은 땅》,《팽이는 서고 싶다》,《즐거운 세탁》이 있으며, 르포집으로《길에서 만난 세상》(공저),《사라져 가는 수공업자, 우리 시대의 장인들》이 있습니다.

박성관　연구 공간 '수유+너머' 연구원입니다.《종의 기원, 생명의 다양성과 인간 소멸의 자연학》,《종의 기원 ─ 쥐와 소나무와 돌의 혈통에 관한 이야기》같은 책을 썼고,《시간과 공간의 문화사 1880~1918》,《표상 공간이 근대》같은 책을 우리말로 옮겼습니다.

박일한　경희대학교 사회학과와 같은 대학 언론정보대학원을 졸업했습니다.《무역일보》와 경제 주간지《이코노믹리뷰》에서 기자로 일하면서 산업, 문화, 금융, 재테크 관련 기사를 써 왔으며, 각종 월간지, 사보, 웹진 등에 영화와 경제 관련 글들을 발표하고 있습니다.《생각이 팡팡 튀는 팝콘 리더십》을 썼습니다.

서재호 오늘은 미래를 위해 한 걸음 더 나아갈 수 있도록 노력하고 농구를 좋아하는 21세기 대학생입니다.

서해경·이소영 파괴되고 사라져 가는 자연과 생명, 우리 사회에서 소외되고 상처 받는 이웃들, 근거 없는 사회적 편견 등 환경과 사회 문제에 많은 관심을 가지고 있습니다.《멸종동물 얘기 좀 들어볼래?》,《더불어 사는 행복한 정치》,《노는 도서관 배우는 도서관》같은 책을 썼습니다.

송성영 가족들과 함께 계룡산 갑사 부근에 빈집을 얻어 텃밭을 일구며 살고 있습니다. 적게 벌어 적게 쓰면서 행복해지는 길을 찾고 있습니다.

MBC〈W〉제작팀 〈W〉는 동시대를 살아가는 세계인들의 초상을 통해서 우리가 숨 쉬고 있는 이 세계의 본질과 질서를 보다 깊이 있게 탐구하고, 이러한 작업을 통해 시청자들에게 폭넓은 세계관과 국제 감각을 키울 기회를 제공하며, 아울러 국제적 사안에 대해서 정확한 판단을 내릴 수 있는 근거와 자료를 제시하는 프로그램입니다.

오영진 1969년 전북 정읍에서 태어났습니다. 명지대 건축공학과를 졸업한 뒤, 만화실험 '봄', 인디 만화 잡지《히스테리》에 참여했고, 제1회 신한새싹만화상 동상, 동아LG 국제만화페스티벌 특별상을 수상했습니다.《수상한 연립주택》,《사이시옷》(공저),《빗장 열기》같은 책을 그렸습니다.

5·18 민주유공자유족회 '5·18 광주민중항쟁' 때 희생된 분들의 가족들로 구성된 모임입니다. '기억하지 못하는 과거의 불행은 되풀이된다'는 역사적 교훈을 최우선의 가치로 삼고, 다시는 이 땅에 '광주 학살'과 같은 불행이 재현되지 않게 하기 위해서 활동하고 있습니다.

오창익 '인권실천시민연대' 사무국장으로 일하는 인권 운동가입니다.《한겨레》와《시사IN》을 비롯한 여러 매체에 글을 썼고, 성공회대학교 겸임 교수로 대학원 강의도 합니다. CBS 라디오 〈시사자키 오늘과 내일〉에 6년 동안 고정 출연했고, 텔레비전과 라디오의 토론 프로그램에도 자주 나와 설전을 벌입니다. 입담도 좋지만 늘 할 말이 있기 때문입니다.

우석훈   서울에서 태어나 프랑스 파리에서 경제학을 공부했습니다. 인생의 4분의 1을 독일·프랑스·영국·스위스에서 지냈고, 유엔 기후변화협약의 정책분과 의장과 기술이전분과 이사를 지냈습니다. 현재 성공회대학교와 연세대학교에서 학생들을 가르치고 있습니다. 《생태페다고지》, 《혁명은 이렇게 조용히》, 《직선들의 대한민국》, 《88만원 세대》, 《한미FTA 폭주를 멈춰라》 같은 책을 썼습니다.

윤정희   남편 김상훈 목사와 함께 가슴으로 낳은 여섯 남매, 하은, 하선, 하민, 요한, 사랑, 햇살이와 함께 대전 용두동에서 행복하게 살고 있습니다. 아이들과 토닥토닥 싸우다가도 울고불고 화해하고 안아 주며 살아가는 우리 시대 엄마입니다.

인터넷뉴스 바이러스   청소년의 목소리를 진실하게 보도하는, 청소년에게 충실한 일류 언론이 되겠다는 마음으로 2005년 7월 출범한 인터넷 언론입니다.

전국사회교사모임   1989년 출범한 전국사회교사모임은, 학교 현장과의 밀착성을 바탕으로 지금 우리 교실에 꼭 필요하고 적합한 민주 시민 교육을 위해 끊임없이 노력하는 교사 모임입니다. 사회 교사로서 현실적이고 전문적인 감각을 갖추기 위해 정치·경제·법·문화 등의 책들을 함께 공부하고, 해당 분야의 전문가를 초청해 강연회도 열고, 이를 바탕으로 다양한 수업 자료도 개발해 보급하고 있습니다.

정희준   연세대학교 체육교육학과를 졸업하고 미국 오하이오대학교에서 석사 학위를, 미네소타대학교에서 박사 학위를 받았습니다. 현재 동아대학교 스포츠과학부 교수로 있으며, 스포츠 칼럼리스트로도 활발하게 활동하고 있습니다. 《스포츠 코리아 판타지》, 《미국 신보수주의와 대중문화 읽기》(공저)

같은 책을 썼습니다.

제인 베델   역사 소설과 어린이 논픽션을 쓰는 전업 작가입니다. 웹 사이트 주소는 www.jmbedell.com 입니다.

조상우   고등학교 때부터 채식을 했습니다. 지금은 '녹색연합' 시민 모임 '베지투스' 운영진으로 활동하고 있고, 녹색당을 준비하는 '(준)초록당사람들'의 운영 위원으로도 활동하고 있습니다.

조재도   충남 부여에서 태어났지만 어려서 청양으로 이사해 그곳에서 어린 시절을 보냈습니다. 공주사범대학교 국어교육과를 졸업하여 국어 선생님이 되었습니다. 지금은 충남에 있는 중학교에 근무하면서 어린이와 청소년 문제에 깊은 관심을 갖고 글을 쓰고 있습니다.《꽃보다 귀한 우리 아이는》,《일등은 오래가지 못한다》같은 책을 썼고,《좋은 날에 우는 아이》같은 시집도 냈습니다.

청소년노동인권네트워크   '민주노동당', '인권운동사랑방', '전교조실업교육위원회', '전국불안정노동철폐연대', '21세기청소년공동체희망'이 청소년 노동인권 교육의 필요성을 공감하여 2004년에 꾸린 단체입니다. 청소년 노동인권 교육 프로그램과 읽을거리를 만들고, 워크숍과 청소년 노동 실태 조사 같은 활동을 하고 있습니다.

최금희   1983년 함경북도 아오지(현재 은덕군)에서 태어나 인민학교를 마치고 고등중학교 2학년이던 열다섯 살 때 가족과 함께 두만강을 건너 중국으로 갔습니다. 그 뒤 4년 동안 죽음의 고비를 여러 차례 넘기며 우여곡절 끝에 2001년 4월에 한국으로 왔습니다.

최병두   대구대학교 사범대학에서 지리학을 가르치면서 (사)아파트생활문화연구소, (사)대구경북환경연구소 소장으로 활동하고 있습니다. 자본주의 도시 공간을 성찰하고 생태적 대안 도시 공간을 모색하는 글쓴이는《녹색 사회를 위한 변명》,《환경 갈등과 불평등》,《비판적 생태학과 환경 정의》같은 책을 썼고,《사회 정의와 도시》,《정보 도시》같은 책을 우리말로 옮겼습니다.

한국염　한신대학교 신학부와 같은 학교 대학원을 졸업하고, 함부르크대학교 신학부 박사 과정과 샌프란시스코 신학대학원 박사 과정을 수료했습니다. 현재 기독교장로회 청암 교회 목사이면서, '한국이주여성인권센터' 대표를 맡고 있고, '한국정신대문제대책협의회' 공동대표도 맡고 있습니다.

한비야　걸어서 세계를 일주하기 위해 직장을 그만두고 여행길에 올랐습니다. 그 뒤 세계 곳곳을 여행한 경험을 담아《바람의 딸, 걸어서 지구 세 바퀴 반》,《바람의 땅, 우리 땅에 서다》,《한비야의 중국견문록》같은 책을 썼습니다. 2001년부터 2009년 6월까지 국제 NGO '월드비전'에서 긴급구호팀장으로 일했습니다.

홍세화　《한겨레》기획의원, '학벌 없는 사회' 공동대표, 서울 마포 '민중의 집' 공동대표이며, 진보신당의 당원이기도 합니다. 2002년 '민주언론운동시민연합' 민주시민언론상을 수상했습니다.《생각의 좌표》,《악역을 맡은 자의 슬픔》,《나는 빠리의 택시운전사》같은 책을 썼고,《우리는 평화를 배운다》같은 책을 우리말로 옮겼습니다.

국어시간에 생각키우기

1판 1쇄 발행일 2010년 12월 30일
개정판 1쇄 발행일 2012년 4월 16일
2판 1쇄 발행일 2020년 3월 23일
2판 4쇄 발행일 2022년 4월 25일

엮은이 전국국어교사모임

발행인 김학원
발행처 (주)휴머니스트출판그룹
출판등록 제313-2007-000007호(2007년 1월 5일)
주소 (03991) 서울시 마포구 동교로23길 76(연남동)
전화 02-335-4422 **팩스** 02-334-3427
저자·독자 서비스 humanist@humanistbooks.com
홈페이지 www.humanistbooks.com
유튜브 youtube.com/user/humanistma **포스트** post.naver.com/hmcv
페이스북 facebook.com/hmcv2001 **인스타그램** @humanist_insta

편집책임 문성환 **편집** 윤무재 **디자인** 김태형 김수연 **일러스트** 이철민
용지 화인페이퍼 **인쇄** 청아디앤피 **제본** 정민문화사

ⓒ 전국국어교사모임, 2020

ISBN 979-11-6080-356-3 43300